母爱第一课

[日]山崎房一·著　高柳静江·协助
张宁·译

中国经济出版社
CHINA ECONOMIC PUBLISHING HOUSE
·北京·

图书在版编目（CIP）数据

母爱第一课 /（日）山崎房一，（日）高柳静江著；张宁译. -- 北京：中国经济出版社，2022.7

（全球教子智慧书系）

ISBN 978-7-5136-6970-2

Ⅰ. ①母… Ⅱ. ①山… ②高… ③张… Ⅲ. ①儿童教育－家庭教育 Ⅳ. ①G781

中国版本图书馆CIP数据核字（2022）第100520号

SHINPAN GAMIGAMI WO YAMEREBA KODOMO WA NOBIRU
by Fusaichi YAMAZAKI

First original Japanese edition published by PHP Institute, Inc., Japan.
Chinese translation rights arranged with PHP Institute, Inc., Japan.
through CREEK & RIVER CO.,LTD. and CREEK & RIVER SHANGHAI CO., Ltd.

著作权合同登记号：01-2015-1737

选题策划　崔姜薇
策划编辑　张　博
责任编辑　张　博
责任印制　马小宾
封面设计　任燕飞装帧设计工作室
封面插画　赵月焱
内文漫画　鸟居志帆
内文插画　鸟居志帆

出版发行　中国经济出版社
印 刷 者　北京富泰印刷有限责任公司
经 销 者　各地新华书店
开　　本　880mm × 1230mm　1/32
印　　张　5
字　　数　90千字
版　　次　2022年7月第1版
印　　次　2022年7月第1次
定　　价　58.00元
广告经营许可证　京西工商广字第8179号

中国经济出版社　**网址** www. economyph. com　**社址** 北京市东城区安定门外大街58号　**邮编** 100011
本版图书如存在印装质量问题，请与本社销售中心联系调换（联系电话：010-57512564）

点亮亲子学院

培养有国际竞争力的中国孩子

序言

只有得到父母“友情”的孩子，长大才能成为有勇气的人

有一次，我好不容易得到了跟妻子一起外出旅行的机会，仙台的电视台邀请我和评论家草柳大藏先生参加一个对话节目。

虽然我经常在各地演讲，但还是第一次到仙台去。因为演讲要在电视上播出，和平时相比，我的心情稍微有些

紧张。

看到我心神不宁的样子，妻子故意说道："太好了，我也正想去松岛看看呢。"

说完，她小声念起松尾芭蕉的俳句来："松岛呀，啊松岛呀，松岛呀"。松岛的景色的确是美到让人无法用语言来表达。

我说："那我们就一起去吧"。

就这样，我们夫妇俩坐上开往东北的新干线，直奔仙台。

电视台的节目录制工作结束后，我和妻子一起前往松岛畅游，心情不由得兴奋起来。车窗外风景如画，车上的便当也非常美味，天气也不错，这次愉快的旅行拉开了序幕。

啪嗒，啪嗒，一个小男孩走路的声音把我叫醒了。原来，吃完便当后我竟然不知不觉地睡着了。

"你别闹了！"

其实，把我从舒适的睡眠中完全叫醒的并不是孩子的脚步声，而是随后传来的孩子妈妈的训斥声。

这个声音的主人对自己的孩子怒目而视，然后端着肩膀狠狠地说："你为什么不听妈妈的话！"

我忽然觉得很奇怪，这位妈妈为什么对自己的孩子有这么大的怒气呢?

透过列车的车窗，我看到大地沐浴着阳光，一派美丽的田园风景正迎面而来，列车就像风一样非常愉悦地疾驰在这风景之中。

可是这位母亲根本没有心情看美景，而是以一副魔鬼的样子瞪着自己的孩子。

魔鬼的样子——是的，这位妈妈的表情真的就像在地狱严厉审案的阎罗一样可怕。如果被人这样瞪着，即便是我这个大人也会被吓得腿脚发软，立刻觉得自己很不幸。

不止我这样，任何人面对这魔鬼般的表情，肯定都会觉得自己不幸极了，肯定会心灰意懒，关闭心门，感觉自己既孤单又可怜。

人之所以会变得不幸，就是因为把人和人通过善意联结在一起的“友情”不存在了。“友情”不存在了，就只剩孤独和失望了。

如此一来，事事都会不顺。人不仅不开心，还会萎靡不振、无精打采。

相反，如果我们面对的是一张笑脸又会怎么样呢?我们会变得非常有勇气，会觉得人生快乐无比。从笑脸到怒容，在此就是天堂到地狱的距离。

被训斥的孩子果然一下子垂头丧气地坐到座位上，然后无精打采地看着窗外，脸上分明写着：“我一点儿都不开心”。

另一边，狠狠地训斥了孩子之后，那位妈妈的心情也不会好到哪里去。

此时，曾在我的“妈妈心理学课堂”上发生的一幕突然浮现在我的脑海里。

讲座刚开始的时候，妈妈们都使劲儿瞪大了眼睛听。对如何“调教”孩子已经颇有心得的妈妈们像马戏团里的驯兽师一样，随时都准备要挥起鞭子。

然而，随着讲座接近尾声，她们的表情已经渐渐发生了变化。

“妈妈和孩子的关系必须是朋友关系。”意识到这一点的一瞬间，妈妈们都嘴角轻扬，表情异常温柔。

讲座结束后，她们看起来内心非常平稳，变回了原本美丽的模样。

在意识到“育儿的基本是‘友情’”的一瞬间，她们非常成功地将对孩子和自己的烦躁、不安和不满等攻击性的情绪都击碎了。

那么，为什么给孩子的“友情”能够改变她们的表情呢？这就是我想在这本书中告诉大家的秘密。

另外，如果母亲和孩子之间建立起了“友情”，孩子的心中就能产生勇气。

勇气——能够让孩子看起来脱胎换骨的时候就是他们得到勇气的时候。

友情和勇气到底是什么？它们是如何相因相生的？这些疑问都会在本书中进行详细介绍。

在“序言”部分我唯一能说的就是，如果在育儿过程中忘记了友情和勇气，导致父母和孩子之前产生不幸，是非常让人遗憾的事。

在这次旅途中，我在观光地、餐馆还有车上遇到了很多家庭，他们的表现屡屡让我很失望。

竟然有这么多不高兴的妈妈和无精打采的孩子。我几乎没有遇到笑容相对、相处融洽的父母和孩子。存在于他们之间的不是友情，而是冷淡的隔阂。

妈妈给予孩子友情，孩子就会产生勇气。全新的亲子关系就是由此开始的，向孩子们展露你们的笑容吧。

没有笑容的亲子关系肯定是不幸的。

这本书只是阅读而不去照着做是一点儿意义都没有的。因为育儿不是只在内心思考，而是要通过语言和行动传递给孩子，给予孩子勇气才行。当看到孩子获得勇气茁壮成长时，还请在心里给予他们温暖与鼓励。

山崎房一

目　录

第1章　孩子很需要妈妈的“友情”

第2章　给原原本本的自己打个满分吧

第3章　孩子希望妈妈能够理解自己的心情

第1章 孩子很需要妈妈的『友情』

育儿基本感情——“喜欢”和“讨厌”

每当有育儿烦恼的妈妈来向我咨询时，我都会问她们一个问题：“您和您的孩子是好朋友吗？”

妈妈们都对我的这个问题感到很意外，随即摇摇头。

她们之所以到我这里来咨询，就是因为“孩子一点儿也不听话”，或者“孩子的表现与自己的期望不符”。也就是说，这些妈妈只是想让孩子单方面地服从命令，想让孩子听话，根本没有想过与孩子建立对等的友情。

甚至还有妈妈瞪大眼睛惊讶地反问我：“友情？老师，他可是我的孩子啊！”在她们看来，母子之间根本不需要友情。

遇到这种情况，我就必须和妈妈们一起好好聊一聊一个很大的话题了。

我这样做就是要把扭曲了妈妈和孩子关系的“罪人”给找到。

本能的爱对3岁以上的孩子有害?!

没错。“它”就是横亘在我们面前的一个很难跨越的障碍，如果不尽快除掉这个障碍，它就会一直挡在我们的面前，导致育儿之路寸步难行。但是，很少有人会意识到这一点。

不仅如此，妈妈们甚至很坚定地认为“它”才是维系亲子关系不可取代的重要因素。

“它”的名字就是“母爱”，或者叫“本能的爱”。

您是不是也感到很意外？还是感到醍醐灌顶、豁然开朗？

“本能的爱”和爱是不一样的。爱是人的正常情感，但“本能的爱”只是一种本能。

但是，妈妈们往往不愿意承认这一点。所以，她们的育儿之路无比纠结和痛苦，最终累了自己，也苦了孩子。

当妈妈们明白了本能的爱和爱的差异之后，挡在育儿路上那巨石般的障碍就会骨碌骨碌滚落到谷底，彻底地从我们眼前消失。亲子关系（3岁以后）是不需要本能的爱的。

去除了本能的爱这个障碍之后，妈妈们才能清清楚楚地“看”到孩子，孩子不是完全受妈妈控制的“小宠物”。孩子虽然很小，但已经是一个跟妈妈一样平等的、独立的个体了。

“亲子关系是人和人之间关系。”

在明白了这一点之后，横亘在妈妈和孩子之间的“本能的爱”消失了，取而代之的是“友情”。也就是说，父母与孩子之间，需要的不是本能的爱，而是人与人之间的关怀与体谅。

人和人之间的感情联结——这才是本书的主题。

亲子关系中去除了“本能的爱”，就会变成友情关系。所以“喜欢”和“讨厌”就成为育儿过程中的重要情感。因为，友情是萌生于“喜欢”的。

孩子们不会把本能的爱当作爱来接受。可以说，从滥用本能的爱的妈妈身上，孩子们只能体会到“统治者”的霸道。

正是因为这样，孩子才讨厌妈妈，才不听妈妈的话。他们已经长大了，不会再屈服于本能的爱的控制了。

朋友和夫妻之间最重要的也是“喜欢”和“讨厌”的感情，以及体谅和关怀，还有为维护关系而做出的努力。

妈妈心理学课堂体验漫画①

在亲子关系里，只要重视感情，很快就能看到孩子振作起来的样子。

——妈妈 A 和儿子 B——

怎么感觉我现在和我妈当年那么像啊……
ギャー
啊——我刚才好像魔鬼一样……
孩子们是不是跟我当年一样战战兢兢的啊……
不过我必须振作起来……
我就是因为这些事情在烦恼。
原来如此。
孩子妈妈，训斥孩子和管教孩子可什么关系也没有。
山崎先生
您应该悄悄地观察孩子的心情，和孩子一起开心、悲伤和欢笑。
在妈妈的控制下，看妈妈脸色长大的孩子，就像借妈妈的大脑在思考一样。
啊
听您这么一说，我才想起，我们家的孩子总是在等我同意之后才行动。
OK

这点儿小事儿你就不能自己想一下吗！
我总是这样跟孩子发脾气，原来孩子是因为我变得不去思考的……
对不起……
紧紧抱住……
妈妈最喜欢你了。
真的吗？妈妈您能再说一遍吗？！
!!
原来孩子竟然这么渴望妈妈的爱……我完全没发觉……
那我和弟弟您更喜欢谁呢？
呃
那个……
你别告诉弟弟啊。
妈妈最喜欢你。
……！
你不是先生下来的吗？

妈妈，妹妹的点心呢？
从那以后
也不知道这个答案正不正确，我只是一心不想让他失望。
啊！
哐当！
哥哥：“没关系！我来收拾！”
不过我真的没见过那孩子那么骄傲的表情。
100分！
妈妈你看！
哥哥真棒！
100
我回来了！
嗒嗒嗒嗒
最近老大忽然特别有哥哥样儿……

这才是人际关系的基本。

人和人之间的良好的关系是需要“友好”“关爱”“理解”这些温暖的情感来支撑的。如果没有了这些温情的存在，说得夸张一点儿，世界将是一片黑暗。

心中如果充满了“愤怒”、“反抗”或者“憎恶”，又怎么能和他人建立和谐的人际关系呢?

我在前面介绍了在“妈妈心理学课堂”上课的妈妈们的听课心得。实际上，只有母亲和孩子之间有融洽的感情交流，建立了坚实的信赖基础之后，才谈得上育儿。

礼貌修养和学习成绩都是其次。没有“爱的关系”，一切都无从谈起。

“我喜欢温柔的妈妈。所以我会好好地听妈妈的话。”这才是孩子努力的动力。

妈妈的友情会给孩子带来勇气。父母的宽容、安慰和配合都会赋予他们勇气，激发他们的上进心。

所以在缺少温情的家庭里，即使树立了再高尚的教育方针，也是毫无价值的。不仅如此，父母还有可能被孩子说成伪善、自私。

缺乏爱的孩子马上就能看穿父母说教中的伪善。

温暖的家庭是靠妈妈的笑容构筑的。对孩子来说，这个世界上没有比妈妈的笑容更治愈的了。

所以在一个家庭里，如果妈妈不高兴，那么不仅是孩子，而且爸爸也会情绪低落。亲子之间都是冷淡的隔阂，没有一丝温情。

就我的经验来说，如果妈妈每天都笑呵呵地，孩子一般成绩都很好，也非常有活力。因为母亲的爱，能够让孩子心无旁骛地去做自己喜欢的事情。

同理，如果妻子非常贤惠，丈夫也会精力充沛，更容易在公司里出人头地。

妈妈的笑容就如同魔法一样，让周围充满着不可思议的活力。因为笑容表达的是爱，爱让亲人们充满活力。

本能的爱不是爱，只不过是本能的情感

把训斥当成教育的妈妈们在第一个跨栏处就已经犯规了。

她们总是抱怨孩子“很叛逆”“干什么都打不起精神”“总是静不下心来”。反观这些妈妈，无一例外都是有很强控制欲的妈妈。每天不停地训斥孩子的妈妈也属于这一类。

她们完全没有意识到和孩子的“感情问题”，也就是友情的问题。

而得不到妈妈的友情的孩子，完全没有温暖的幸福感，很容易关上自己的心门。这样妈妈就会更生气了。

“我必须更狠地惩罚他。”

“绝对不能给他好脸色。”

本来只要温柔对待就能解决的亲子问题，这下变得越来越不和谐了。

如果能好好地处理这些“不和谐”，育儿本来应该是一件容易且愉快的事情。只要妈妈能微笑着疼爱孩子，孩子就会按着遗传基因的指令，顺顺利利地健康成长。

错误的原因就在于妈妈只用“本能的爱”来对待孩子。

本能的爱是属于“爱”的前半阶段最原始的感情。人类都是在本能的爱的帮助下迈出成长的第一步的。

但是这种本能的爱只适用于 3 岁以下的孩子，而对 3 岁以上的孩子是有害的。原因就在于，本能的爱原本就是无视孩子的感情和人格的。

本能的爱的另一层本质就是它不认为孩子拥有独立的人格，也不认为孩子是拥有各种情感的独立个人。因此，她们理直气壮、理所当然地唠叨、训斥孩子，而没有丝毫的包容与体谅。对孩子越在意的妈妈，这种倾向越明显。

本能的爱究竟是什么呢？我们需要先把这个问题弄明白。

婴儿是没有独立人格的。要是承认婴儿有独立人格的话，那无条件照顾这个“小暴君”的妈妈便没有立足之处了。婴儿是不管吃奶、换尿布、换衣服，甚至连睡觉都离不开妈妈。可以说，婴儿在这个阶段是作为妈妈身体的一部分存在的。

在这个阶段，本能的爱就像超人一样，是万能的。妈妈们不论做出怎样的牺牲，都奋不顾身地对这个小小的生命倾注全部的母爱。

如果这个阶段本能的爱没能充分发挥作用，那么这个十分任性、十分暴躁、生活不能自理、完全需要依靠他人的小婴儿，很可能会被妈妈疏远，甚至厌恶。

但是，本能的爱让妈妈觉得“我的孩子就是我的一部分”，不论婴儿怎么任性，妈妈也不会扔下他不管。同时，妈妈也没有把婴儿作为一个有独立人格的人来看待。

妈妈在无微不至照顾着婴儿、奋不顾身保护婴儿的同时，也把婴儿当作自己的一部分，完全地控制着婴儿。

婴儿和母亲之间没有人与人之间那种对等的关系，而是一种本能的联结。婴儿和母亲之间没有友情，只有依存和溺爱。

妈妈心理学课堂体验漫画②

不要用“本能的爱”来训斥孩子，温柔对待孩子，孩子果然打起了精神。

——妈妈 C 和儿子 D——

首先，要把“教育”……
教育
把“规矩”从脑子里面赶走。
笑容！
今天在学校怎么样啊？
没什么……
微笑……
孩子很明显感觉到很困惑。
感觉很不正常……
??
但是两个月没有训斥孩子之后……
真是悲哀啊……
你这是什么态度啊！
不满
不满
忍住不能骂孩子。
妈妈今天怎么了？
是吗？哈哈哈
嗯……
这是儿子第一次主动说要出去玩儿。
哦，不错！
下次放假我们去这里吧！
谢谢老师……
一家人一起去三天两晚的旅行！
妈妈
……!
下次我带朋友来咱们家可以吗？
可以啊……

前面我已经指出，育儿的问题都是感情方面出了问题才发生的。教育之所以逃不开“喜欢”“讨厌”“快乐”“悲伤”这些情感，是因为育儿也跟恋人和朋友之间的交往一样，都是人际关系的一种。

但只是用本能的爱来对待孩子的话，妈妈马上就会对这些感情问题视而不见的。认识不到对方是有独立人格的人，是本能的爱的特质。所以妈妈们才会把没有温暖的感情交流的命令和禁止当成理所当然的事。

这就是我在前面提到的巨大的难题，很难逾越的障碍。

妈妈们都认为“不严厉的话，孩子根本不当回事儿”“一给他们好脸，他们就会蹬鼻子上脸”。

我会在后面着重说明“不需要任何理由”的问题。

妈妈们总是不需要任何理由就控制着孩子。

是的。对孩子来说，妈妈的强权控制完全不需要任何理由。但是对妈妈来说，她们有一个冠冕堂皇的理由，那就是——本能的爱。

她们以本能的爱为借口，来训斥、命令、支配孩子。育儿过程只要掺杂上本能的爱，那么母子之间必定会发生情感问题。因为本能的爱不是爱。孩子会从妈妈的态度和语言中感受到非常严重的人格侵犯。

教育必须建立在人（母亲）和人（孩子）对等的感情

交流之上，可是妈妈们却在单方面破坏这个规则。

有些妈妈这样反问我："可是山崎老师，那个孩子可是我的孩子。跟自己的孩子还要客气，那能教育好孩子吗？"

看来这位妈妈要重新回到出发点才行了。

下一节我会介绍本能的爱升华为爱的过程。

从“本能的爱”到“共情的爱”，再到“理性的爱”

爱是笑容，是温柔，是快乐。爱是温柔的话语，是富有爱心的行动，是让人温暖的牺牲精神。

但是很多妈妈会不停地命令、强制孩子，不让孩子做这做那，从早到晚没完没了、凶神恶煞地训斥孩子。

妈妈们还会在心中默念：“我内心是爱孩子的。”

孩子却会这样反驳：“我不需要什么心里的爱，我需要的是温柔的言语和关爱。”

只存在于内心的爱形同虚设。不对，对孩子来说，那种虚幻的爱没有反而更好。因为他们被妈妈这种看不见的、虚幻的爱捆绑着，只有痛苦。

只存在于心中的爱相当于不存在

心中的爱不需要花费任何精力，而语言、行动的爱是需要时间、精力和金钱的。比如孩子想去海边玩儿，要实现孩子的愿望就需要相应的费用和精力。

爱就是会毫不吝啬地付出。这就是爱的本质。妈妈微笑着对孩子说："只要你高兴，想去哪里都行。"这就是用语言表达出来的爱。

但是大多数妈妈都把只能用语言和态度来表达的爱放在心中。这是非常大的误解。没有表现出来的、没有表明的爱根本就不是爱。

不仅如此，不停地训斥孩子的妈妈这所谓的心中的爱，实际上对孩子来说，就是监视、谴责，甚至是攻击，对他们来说是非常残酷的行为。

妈妈们错把心中的爱当作真正的爱，完全意识不到孩子非常渴求用行动来表达的爱。而且，妈妈们看到孩子特别黏人，干什么都无精打采的，简直气得要爆炸。

这都是因为亲子关系里没有爱。

每次遇到问题少年或者拒绝上学的孩子，我都会对他们说："爱是找不到的。爱是要靠自己的双手来创造的。"

听了我的话，孩子都会很赞同地点头。其实他们都明

白，爱是需要行动的，但他们的父母完全忽视了行动上的爱。所以他们才会非常憎恨自己的父母。这就是家庭教育的失败。

在爱的领域里，孩子是“现实主义者”。他们不会觉得世界充满爱并无处不在，他们没有那么单纯和迟钝。他们也不是空想家，他们不相信存在可以不用行动来表达的爱。

他们非常清楚，转化成行动的、用语言来表达的才是爱。所以当他们感觉不到父母的爱的时候，就会觉得非常孤独。

什么都不做就能表达爱，这个想法不单单是引起了妈妈们的误解，它还模糊、迷惑了妈妈们的视线。

要想把本能的爱转化成真正的爱，妈妈自己必须做出改变。

妈妈心理学课堂体验漫画③

只要对孩子说“妈妈最喜欢你了”“妈妈支持你”，孩子马上会变得精神十足。

——妈妈E和儿子F——

请您让他有信心，知道自己是被妈妈爱着的。
您的儿子可能是为了确认妈妈的爱才那么任性的。
……！
震惊！
只要妈妈改变，孩子就会跟着改变。
首先我必须改变！
从那以后
我会非常明确地用语言和态度表达爱。
妈妈永远都支持你！
你是妈妈的宝贝，晚安！
不愧是我的儿子！
棒棒哒！
第二次的测试我也得了优！
耶！
优
也很少恶作剧了
妈妈，今天便当带什么啊——？
最近儿子早上都是自己收拾安排……
也变得很爱说话了。

为什么父母越“理解”孩子，孩子越容易独立呢？

爱可以分成三个步骤。

或许应该这么说，给予孩子的爱必须有三个层次，而且顺序也应该随着情况而变化，对高中生和婴儿给予同样的爱肯定是不行的。

但妈妈们很难意识到不同阶段的爱的区别。不仅如此，妈妈们甚至不理解这三个层次的爱究竟是什么。

爱的三个层次

这三个不同层次的爱并不是毫无关联、独立存在的，它们一定是按照一定顺序交叉的，又是内在联系的三重奏。

大家可以想象一下“三层的同心圆”。

最里面一层是“本能的爱”。因此这一层的爱是盲目的，是面向婴儿的。

第二层是“共情的爱”。这一层的爱是面向幼儿的。

最外面一层的是以尊重他人的人格为前提的“理性的爱”，也可以称作“成人的爱”。这种爱不仅涉及亲子关系，还包括和他人的交流，也就是一般形式的爱。

婴儿时期需要的是本能的爱，这也是母爱的全盛时期。这个阶段的爱是受本能的爱控制的，是没有任何道理的。妈妈把婴儿当作自己的一部分，对婴儿倾注着过度的爱。这种无条件的爱可以让婴儿有颗温柔的心，让婴儿能够信赖他人，喜欢和他人交流。

幼儿时期的爱是共情的爱。这个时期妈妈主要是温柔地守望着蹦蹦跳跳玩耍的孩子。爱和感情成为一体，被爱的喜悦和满足感使孩子的内心备受鼓舞。到了这个阶段，妈妈已经非常了解孩子的情感，知道孩子是喜悦、恐惧、不满还是悲伤。孩子开始跟妈妈有心灵的交流之后，孩子的人格就开始萌芽了。他们慢慢地会把自己的需求、好恶、喜悦和悲伤通过情感表达出来。

小学到高中时期的爱是理性的爱。虽然孩子还不够成熟，但已经逐渐和父母一样成为有感情和理性的人了。因此，他们开始需要对等的交流。

这个阶段的孩子为了向父母证明自己已经长大了，特别爱逞强。他们竭尽全力地超越自我，事实上只有身边的成人把他们当成大人来对待，他们才能真正长大成人。

在这个时期，如果妈妈给予孩子的爱与孩子期望不符的话，孩子会非常叛逆。

孩子本来需要的是共情和友情，却只能得到控制、保护或者干涉这些适用于婴儿的爱，肯定会导致他们强烈的不满。

这便是青春期的预兆。出现这些征兆时，很多妈妈却认为“这孩子现在怎么这么自大”“竟然敢忤逆父母了”，还会更加严厉地训斥孩子。

无精打采、精力不集中、情绪不稳定等问题都是从这个时期开始形成的。如果父母对孩子三个不同阶段的爱切换得不够及时，孩子的心中就会产生一种饥饿感，很容易会被不安和不满足现状所困。

另外，这三个阶段的爱根据年龄可以划分如下：

①本能的爱=0~3岁——本能的母爱；

②共情的爱=4~6岁——同理心；

③理性的爱=小学到高中——友情。

要想掌握育儿之道，一定要牢牢记住这三个阶段的爱的切换，这就是爱的三个层次。孩子希望从父母那里得到这三重的爱，但三重的爱并不是泾渭分明的。

或者也可以这么说，育儿过程就是不断修补“失败”的过程，修补三个不同时期爱的转换的“失败”的过程。

妈妈心理学课堂体验漫画④

差点儿拒绝上学的孩子在得到了妈妈的共情之后又精神十足地去上学了。

——妈妈 G 和儿子 H——

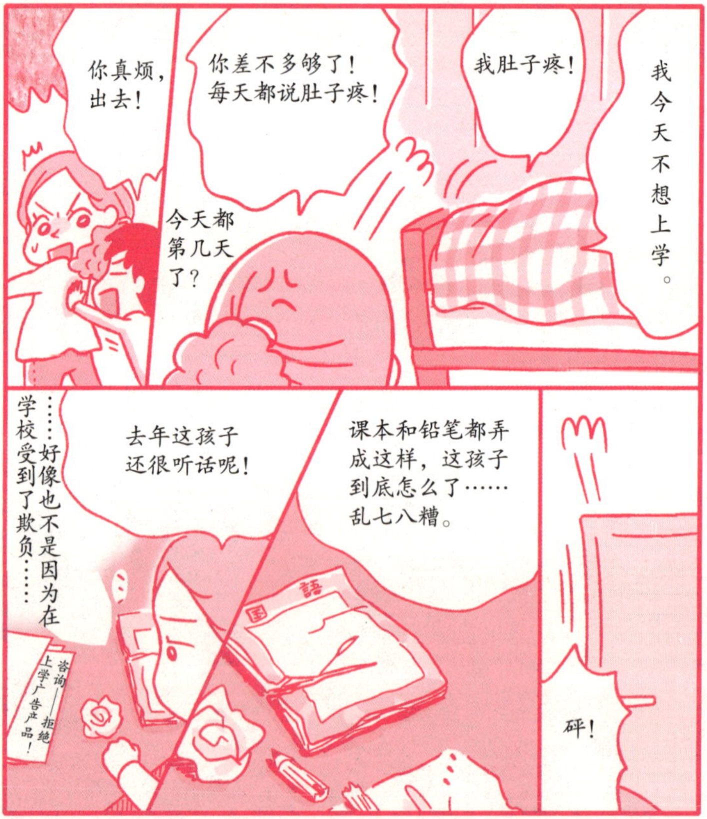

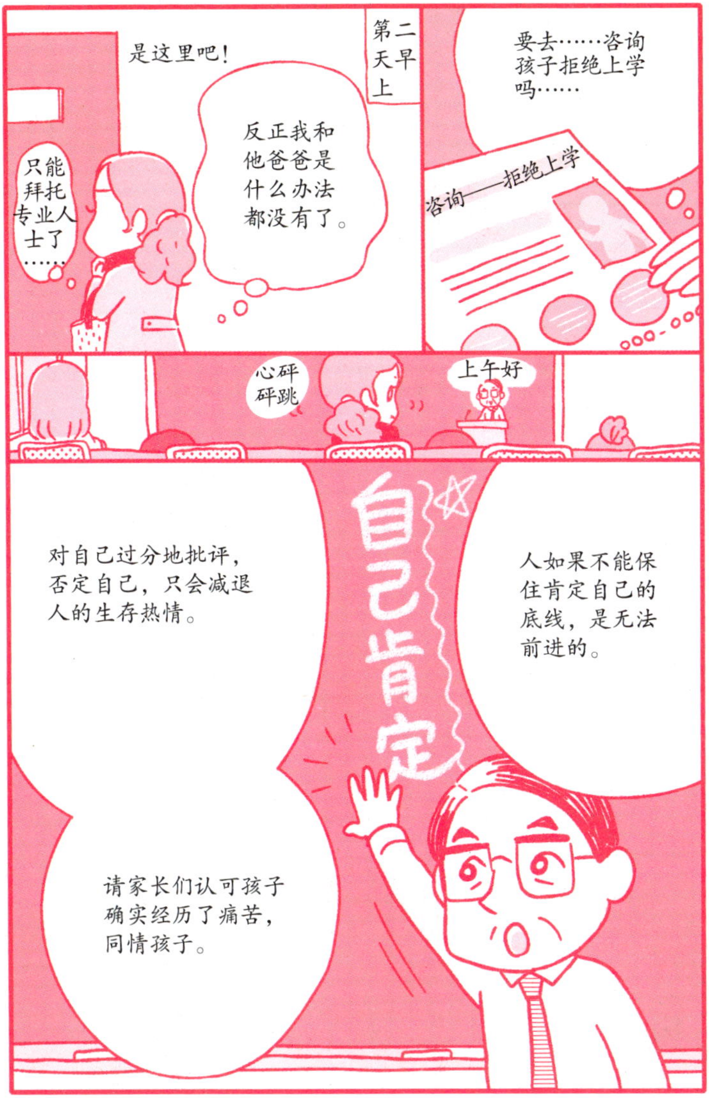
是这里吧！
第二天早上
反正我和他爸爸是什么办法都没有了。
只能拜托专业人士了……
要去……咨询孩子拒绝上学吗……
咨询——拒绝上学
心砰砰跳
上午好
自己肯定
对自己过分地批评，否定自己，只会减退人的生存热情。
人如果不能保住肯定自己的底线，是无法前进的。
请家长们认可孩子确实经历了痛苦，同情孩子。

啊……我之前的行为。
为什么别的孩子能够做到的事情
你怎么就做不到呢？
都是否定孩子的行为……一言不发默默接受的孩子……
真是个干什么都不行的孩子。
打破孩子底线的就是我们……
儿子，妈妈现在跟你聊聊行吗？
你不用勉强自己去上学。
让你这么痛苦，是妈妈的不对。但是爸爸妈妈是支持你的。
对了！暑假我们去一个远一点儿的地方吧！
冲绳之类的！
嗯！
等爸爸回来了，我们就一起计划一下！
嗯！

后来儿子渐渐发生了变化。
他不再总是看妈妈的脸色，还在房间里组装自己特别喜欢的玩具模型。
妈妈拿手机来！
帮我拍张照！
快点儿！快点儿！
好的，好的。
感觉也越来越有主动性了……
马上新学期就要开始了。我一直请假，老师会不会生气啊？
没关系！你没有做错什么。
嗯！
我，要准备去上学！
嗯！

在爱的转换上，所有人都会经历失败，没有失败的育儿过程是绝对不存在的。

接下来，我们需要依据这三个阶段的理论，弥补相应的不足之处。

父母的冷淡会引发孩子严重的亲情饥渴

有些中学生还向父母寻求本能的爱，这时需要再次让他们充分感受被本能的爱包围的感觉。他们肯定是在婴儿阶段没有得到足够的本能的爱。

如果孩子需要同理心，那么就给予他们足够的同理心。大概他们幼儿期缺乏由父母的共情带来的喜悦感。

育儿的诀窍就是在下一个阶段到来时，父母给予孩子相应的新形式的爱，但是也不能完全抛弃前一个阶段的爱。因为对于孩子来说，他们既希望获得新形式的爱，也不想失去目前的爱。

可能这样说更容易理解。在婴儿时期，孩子只要得到本能的爱和肌肤接触就足够了。但是到了幼儿时期，孩子不仅需要新阶段的爱，即同理心，也需要暂时保留着前一阶段的本能的爱。

理性的爱的阶段也一样。对于逐渐成人的孩子来说，爱的形式应该是友情。但是妈妈又必须准备好，随时提供

“本能的爱”和“同理心”。

因为在前一个阶段如果没有充分享受妈妈给予的爱的话，到了下一个阶段，这种“不满足感”会经常被唤醒。这就是我们常说的“某某情结”。

已经上了初中的孩子还每天都想缠着妈妈（肌肤接触），已经上了高中的女儿为了得到妈妈的支持（同理心），像跟屁虫似的追到厨房，对妈妈喋喋不休地说个不停，都是这种心理。

这时需要的是退回上一个阶段，让孩子撒娇，与孩子共情。如果拒绝孩子的话，孩子很有可能会被这种“情结”压垮。

“本能的爱”“同理心”和“友情”都是爱的基本形式，就像食物一样，必须摄取充足才行，不足就会导致饥饿感。

前面我已经对饥饿感进行了说明。接下来就为什么饥饿感会引发的问题做一下补充说明。

如果孩子没有得到足够的爱，也就是无条件的爱、同理心和友情这三种感情，他们会拼命地索取，直到得到为止。即便暂时没有得到，他们也不会轻易放弃。

但是只要得到之后，他们就不会索取更多了。上一阶段的爱得到了满足，他们就会变得非常安心，然后期待着下一个阶段的爱。

只有按照顺序一步一步地实现“本能的爱”、“同理心”和“友情”，孩子才能长大成人，这一点各位妈妈们需要牢记。

孩子为了获得成长路上的这关键的三重爱，一直拼命地向父母索求。

以前妈妈就是温暖的存在。她们把孩子抱在怀里，给予孩子同理心，像朋友一样为孩子加油。

因此，以前的孩子轻而易举地就能一步一步实现这三个阶段的爱，进而成为内心丰盈的成人。

在妈妈温暖的情感中，最初而且一直具备这三个爱的要素。

但是现在，不知道是不是各种教育理念盛行的原因，妈妈根本不想把这三种爱给孩子。“总撒娇，以后就形成习惯了”“家长照顾得太好了，孩子就会很懦弱”“严厉教出好孩子”，许多妈妈都认可这些理论。要么就是保护过度、控制过度、干涉过度。

因为妈妈们已经完全忘记了教育本该建立在愉快的情感交流——疼爱的基础之上。只要无条件地疼爱孩子，这三个阶段的爱就会自然而然地传递给孩子。

可是现在的家长都非常关注孩子的教养、学习成绩，对孩子非常严厉，所以很难把这三种爱很好地传递给孩子，孩子甚至连母子之间最重要的爱也感受不到了。孩子一直希望获得爱，可是妈妈却冷脸以对，不停地训斥孩子。

这就是内心饥饿感产生的背景，而且这种饥饿感会不断地发展，久而久之，甚至有可能引发精神上的问题。

如果发展到这种程度妈妈还没意识到的话，精神上的问题有可能会进一步发展成抑郁、注意力分散、情绪不稳定等各种各样的心理问题。

这种渴望爱的情结，就是如此顽固地盘踞在孩子的心中。

消除“爱的情结”的三句箴言

那么，妈妈应该如何应对呢？

其实答案非常简单。这个问题对有些人来说可能有登珠穆朗玛峰那么难，但对妈妈来说，像在沙坑里面堆沙堆一样容易。

妈妈只要做一个温柔的母亲即可。其实一直以来，妈妈就是温柔的象征。

妈妈心理学课堂体验漫画⑤

觉得妈妈的爱被妹妹夺走了的孩子，在充分撒了娇之后，一切又正常了。

——妈妈 I 和儿子 J——

妈妈…… 我觉得他挺懦弱的，没想到可能是我的原因……
妈妈现在可没工夫管你！
你都当哥哥了！
今天我考试得了100分呢！
妈妈
真棒啊！
讶异的表情
妹妹已经睡了，你和妈妈一起洗澡吧！
唉，妈妈！
真好，孩子看起来很高兴……
对了，对了，我在回家的路上看到了蜗牛。
什么？

妈妈以后还能跟我一起洗澡吗？
当然了
紧紧抱住，“哇！”
你之前很孤单吧。对不起……
也不记得得到过父母充分的爱。
不过回想一下的话，我……
几天后
当　当
当　当
哎呀，是小J的妈妈呀！
我来送孩子忘带的东西。
老师

激动
小J最近特别有学习劲头儿！
感觉他好像对自己有信心了。
回答问题的时候声音也特别洪亮！
其实好像同学有点儿欺负他，我还挺担心的。
最近即便有人欺负他，他也毫不在乎。
干嘛呀！
太好了
这下我放心了……
啊，妈妈！
是不是有点太不在乎了。
对，这个，就是这个。谢谢！
不，这样还是挺好的。

在妈妈的温柔里，孩子能够充分地得到滋养并茁壮成长。

做一个温柔的母亲，只需要把下面这三句话时刻挂在嘴边即可。

“妈妈最喜欢你了。”

“妈妈知道你很努力。”

“不管发生什么事，妈妈都会支持你。”

说第一句话的时候请妈妈们握紧孩子的手，或者抱紧孩子。身体接触可以帮助孩子感受“喜欢”这种本能的爱。

第二句话能表达同理心。妈妈们要面带微笑，认真地倾听孩子们说话。

最后一句话是友情的象征。说这句话时要把孩子当成平等的成人看待，当作自己的好朋友。

育儿需要的其实就是笑容，以及这三句话而已。

同理心和友情能帮助孩子产生勇气

如果夸张点儿说，人类有史以来就一直是在以爱为中心的混乱中以及试错中生存的。

为爱而战，或者把爱写成波澜壮阔的故事。人类一直在跟爱进行着恶战苦斗。世界史上出现的宗教和战争，文学和艺术都是围绕着“爱”这个主题展开的，这样说一点儿也不为过。

不过每个人似乎对于爱到底是什么，爱究竟是什么样子，一直也没有正确的答案。

也就是说，人们一直都在为了一个不知真面目的事情你争我抢。

平时，我们经常把爱挂在嘴边。因爱引发了很多的矛盾、混乱。卷入爱的纠纷后我们进退两难，仰天长叹。时至今日，人类还不知道爱究竟是何物。

爱为什么成了麻烦制造机?

当然，我并不是要否定爱给人带来的欢欣。这一点我打算在后面详细说明。但是，我们可以这样说，比起享受爱带来的喜悦，我们更多的是在品味爱所带来的痛苦和麻烦。

爱或许是不存在的?

前面我已经提示了大家爱究竟是什么。

爱不是名词，而是动词。

当然，我既不是什么哲学家，也不是圣人。因此，我并没有打算给爱下一个“高大上”的定义。

但是，对于爱，我倒是可以给大家提供一种新的思考方式。那就是：爱可能是不存在的。

听到我说爱可能是不存在的，宗教人士和教育者可能要愤怒了。

少安毋躁，听我慢慢讲来。

曾经有这样一个案例。某高中，一个学生因为快迟到了而急匆匆地飞奔进校门，老师正好在关校门，结果学生就被重重的铁门夹死了。让人震惊的是，事后校方几乎没有什么反省的意思，该学校的校长还给学生们训话说：“如果这位同学早从家里出来五分钟就不会发生这样的事情了。各位同学，你们要把这次事件作为一次教训，今后要更加严格地遵守校规。”

校长的这番言论，潜台词就是学生的死完全是迟到的错。这种毫无责任感的发言，就是爱的陷阱。

这个校长就是“爱的鞭笞”教育观的忠实拥护者，他的眼中根本看不到学生生命的宝贵。

教育就是爱。爱是百分之百正确的。在教育的名义下，做任何事情都可以被原谅。这就是大肆鼓吹“爱在心中”的教育者们落入的陷阱。

如果此时他们能够意识到“心中的爱是不存在的”，又会如何呢？

如果是这样，那么老师和学生之间就是单纯的教育者和被教育者的关系，是一种对等的人格关系。如果能有这个意识，是绝对不会出现因为迟到就问也不问直接关闭校门的行为，或者惩罚孩子在校园跑圈的事情。

他们之所以能够在教育的名义下，若无其事地做出一些残酷的事情，就是因为他们把教育和爱混为一谈了。就这样，爱成了傲慢的代名词。

教育是一种爱的行为，这种傲慢的思想把教师从“值得尊重的人”变成了“令人憎恶的人”了。

不仅育儿如此，我们都坚信夫妇、恋人以及朋友之间天然就存在着爱。在人们相信爱存在的那一瞬间，就已经成为残忍的施暴者。

因为人们已经完全忘记了爱是给予对方温暖的情感。

爱在给人们带来幸福的同时也会带来对等的不幸，原因就在于此。

母亲的爱就在“教养”的名义下，以各种残酷的形式，引发了各种恶果。

不相信爱是天然存在的人反而能对别人更加温柔。因为不相信绝对的爱，才会对他人谦逊有礼、体谅他人，重视人与人之间最基本的交往规则。

“爱不是名词，而是动词。”

因此，即使心中没有爱，也可以付出爱的行动——相反，只存在于心中的爱，绝对不能称之为爱。

那么，摒弃了心中的爱之后，我们来说说“表达出来的爱”到底是什么。

它只能是“同理心”和“友情”。也就是说，除了同理心和友情，没有其他能外在表达的爱了。而且，没有通过外在表达的爱，一般就是粗暴地过度控制、过度保护和过度干涉——重要的不是存在于心中的爱，而是表达出来的同理心和友情。

有史以来，人们就一直深信爱只存在于心中，这是一种信仰，也是一种幻想。

人生来就是孤独的，人们坚信无形的、存在于内心的爱能治愈孤独感，这种想法是迷信，更是一厢情愿。

因为爱就是指同理心和友情。心中的爱，必须是互相理解的共情和互相分享的喜悦。除此之外，爱根本就不存在。

那么，妈妈们一直误认为是爱的“母子之间的羁绊”到底是什么呢？

它其实就是我们在前面详细阐述过的本能的爱。妈妈们很容易把本能的爱这种存在于内心的爱当成真正的爱，正因为如此，母亲面对自己孩子时才会如此地强势、粗暴，甚至残酷，缺乏多角度的感情互动。

如果孩子从母亲那里只获得了本能的爱，他们只能要么非常强烈地反抗自己的母亲，要么无条件地服从母亲，变得毫无主见。而前一种情况会导致违法行为和家庭暴力，后一种情况有可能会引起拒绝上学等精神上的问题。

帮助孩子产生勇气的同理心和友情

当妈妈们明白了心中的爱不是真正的爱时，就不会只给予孩子本能的爱，还会给予同理心和友情。

同理心和友情不是名词，而是可以传达给对方的动词。

妈妈给孩子投之以桃，孩子就会报之以李。得到了妈妈的同理心和友情的孩子，自然而然地就会对妈妈给予同样的同理心和友情。

妈妈的训斥会让孩子感到压抑，原因就在于孩子丝毫感觉不到一点儿同理心和友情。

但是，只要给予孩子同理心和友情，孩子立刻就会勇气大增。而且，他们有了勇气之后，就会给予别人同理心和友情。

这才是勇气的作用。共情和友情是勇气之母。

曾经有一位妈妈带着儿子前来咨询，说她儿子没什么上进心，成绩也不怎么样。

她冷冷地看着孩子，用命令的口气说：“坐那边！”孩子默默地坐在沙发上，有气无力地看着地面。

这个孩子的爸爸是一流企业的董事长。妈妈也是某著名女子大学毕业的。也就是说，孩子是在物质条件非常优越的环境里长大的。

可是这个孩子却一点儿自信都没有。有的只是恐惧和不安。看着孩子在他的妈妈面前畏首畏尾的样子，我都觉得他很可怜。

这个孩子为什么没有自信和勇气呢？想必各位读者已经知道答案了吧。

这个孩子不但没有从父母那里得到客观的评价，而且也没有得到过同理心和友情。

同理心和友情究竟有多重要，接下来我将详细进行叙述。

孩子期盼获得父母的肯定

人只有获得同理心和友情后，才会拥有勇气。为了让大家更好地理解这个心理机制，我再来介绍一个小故事。

故事的主人公是谁见了都会喜欢的那种很活泼的孩子。他性格爽快，还有孩子该有的可爱，而且学习也很好。这个孩子注意力非常集中，不会被无关的事情干扰。

他的父亲只是一个非常普通的公司职员，并没有什么特殊的地位和名誉。

但这个孩子却以自己的父亲为荣。他总是非常自豪地说，父亲是他最尊重的人。

为什么他能如此地以自己的父亲为荣呢？原因就在于，他的父亲也总是以自己的儿子为荣。

不管是同理心、友情，还是自豪感，孩子都是从父母那里学到的。这个孩子的父亲不仅给予了孩子足够的同理心和友情，还给了孩子很高的评价，和孩子的心贴得非常近。

孩子尊重的就是这样的父亲。同时，自己尊重的父亲给予了自己很高的评价，使得孩子有了坚如磐石的自信。

孩子都会以拥有认可自己的父母为骄傲

相反，对于不认可自己的父母，孩子也绝对不会为之骄傲。因为，以不认可自己的父母为骄傲，其实是一种自我否定。

如果自己的父母认为自己不行，而自己又要高度评价这样的父母的话，那不相当于自己证明自己不行吗？

人只有通过与他人的关系才能判断自己的价值。因此，要想获得自信，必须要先从别人那里得到善意的评价。如果从别人那里得到的评价总是很差的话，人就会陷入一种自我迷失的不安和恐惧中。

在此，我必须强调一下，他人的高度认可里面包含着很多的善意和喜欢的感情。

孩子考了 70 分，表扬他“考得不错”，这就是一种善意的表达。相反，如果训斥孩子说：“你怎么就考了这么点儿分！”那就是一种恶意的评价了。

对于前一种评价，孩子能很敏感地感受到其中的善意，而且孩子们会把这种善意整体理解为自身的存在、考试成绩、和父母的温暖感情交流全部处于较好的状态。在感受到这些善意之后，孩子的心怎么不会像皮球一样欢呼雀跃呢？

自信就是通过和他人关系的反馈建立起来的。换句话说就是，自信源于他人善意的评价。

孩子以拥有认可自己的父母为骄傲——这是因为孩子和父母之间有温暖的情感交流。人与人之间最坚不可摧的关系就是通过“喜欢”结成的关系。与此相比，形式上的或者合约上的关系都如同蜘蛛网一样吹弹即断。

“以父母为荣”的心理也跟感情的好恶有着非常密切的关系。因为在“以谁为荣”之前，肯定要先喜欢这个人。所以对孩子来说，被人喜欢是一件非常值得骄傲的事情，不需要任何理由。

他们对于那些对自己有好感的人，会无条件地敞开心扉。能敞开心扉的人，肯定是自己觉得可以引以为荣的人。

“孩子都会以拥有高度评价自己的父母为骄傲，而这种骄傲又会给孩子带来自信和勇气。”

我们再好好地理解一下这段话。自信是在“喜欢”的情感交流之上形成的，而很多人往往忽视了这一点。孩子如果得到了父母的赞扬，也会以父母为骄傲，这种圆满的情感交流正是孩子产生自信的基础，但父母们往往意识不到。

妈妈心理学课堂体验漫画⑥

有的孩子经常被父母训斥，已经听不进去父母的话了。父母变得温柔、耐心之后，孩子也逐渐展露出了笑容。

——妈妈 K 和女儿 L——

有些人能量过剩，就会把多余的能量过度地放在孩子的教育上。
什么？
我吗！？
孩子妈妈，您对您女儿是很温柔吗？
女儿就待在家里不出门了……
现在就是这样的状况……
好的……
请您尽量对您女儿温柔一点儿。
控制过度
保护过度
干涉过度
妈妈的能量太强了。
可能这样让女儿觉得自己被孤立了。
可怕
可怕
后来，女儿渐渐地会笑了。听力下降的问题也慢慢地有了好转。
紧紧抱住……
嗯
今后妈妈不会对你那么凶了。
L……妈妈一直以来对你都不够有耐心，对不起。
……！
哎！
女儿
嗯

没自信的孩子一般也很讨厌自己

被父母爱的孩子，才会懂得爱自己。

实际上，懂得爱自己的孩子通常都比较沉着，做事情往往都很有热情，也能听从父母的建议，有自己的判断力，且执行力强。

那些问题儿童无一例外地都很讨厌自己，因为他们从来都未得到过父母善意的评价。他们不得不把自己的内心封闭起来，既讨厌自己又讨厌父母。

所有问题儿童都有一个共同的特点，那就是缺乏“自信”，“讨厌”自己。他们总是对自己不满意。孩子只有得到了父母的善意之后才能对自己满意，这一点我们在前面已经详细讨论过了。

大家不要忘了，人是需要自我肯定的动物。也就是说，孩子一直非常渴望父母能够欣赏自己，因此他们会持续不断地向父母希求肯定的评价。

肯定的评价是“喜欢”这种情感的外在表现形式。“喜欢”等同于自我肯定。孩子只有得到了父母的爱之后，才能产生并拥有自信。

对成人来说，自信可以通过拥有的东西来获得。比如社会地位、财富、事业上的成功，这些都可以让成人获得自信。

但孩子是无法通过这样的方式来获得自信的。在成人之前，孩子经常会对自己最基本的存在感抱有不安。所以，消除孩子的不安，让孩子拥有自信，是父母最重要的职责。

如果孩子没有像期待的那样被爱，就会倒转过来反击父母。被父母所爱能肯定孩子的存在价值，激起孩子的生活热情，所以在没有被给予足够的爱时，孩子会非常受伤。

但是，很多母亲并没有把爱孩子放在第一位，反而是拼命地批评、责难孩子，只盯着孩子的缺点。

这样的行为不是生命教育，而是像驯兽师一样在“驯服”孩子。

家庭教育是育儿路上不可或缺的动力源泉

教育和驯服的区别就在于有没有自我肯定的思想。

教育的重点是遵循生命发展的基本规律，充分挖掘孩子自身的潜质；而驯服则是利用条件反射进行的强制性要求，类似于以杀敌为目的的斯巴达式教育。

人的成长需要遵循自然法则。一个遗传基因里包含的信息相当于几百本百科全书。本来教育担负的责任就是充分挖掘遗传因子中的成长能量，辅助其成长，而不应该是违背天性或者扭曲天性。

这就是自我肯定的前提。想要生存下来的生命和支撑生命的遗传基因都遵循自我肯定的原则。

父母经常会对自己孩子的评价过低

然而，很多母亲都无视这个重要的原则，她们经常挂在嘴边的是“你不能那么做”“你要听话”，全盘地否定孩子，训斥孩子。而且，妈妈们“胡萝卜加大棒”的驯服思想过于根深蒂固，动不动就说“你要是成绩下降了就只能减少你的零花钱了”“你要是听妈妈的话，妈妈就给你买吉他”之类的话。

教育是建立在自我肯定之上的，而驯服却只能建立在自我否定之上。如果说自我肯定有几百本百科全书的价值，那么自我否定连一张纸的价值都没有。人无论如何也无法违背自我肯定这个遗传基因的法则。

前面提到的男孩子无法建立自信，很明显一个非常大的原因就是他做不到尊重自己的父母。无论他们的父母有多高的社会地位或者多么有钱，孩子都无法尊重、不能肯定自己的父母。

如果父母不认可孩子几百本百科全书般巨大的个人价值，那么他们取得的社会性的成功，在孩子眼中就如同一张废纸一样毫无意义。

那么，怎样做孩子才会以父母为荣呢？

孩子只有从父母那里获得了对自身价值的认可，才会尊重父母。孩子的自信、自尊、自爱也是在这个过程中建立起来的。

我眼前的这个孩子，希望能够得到父母的尊重。但他的父母对他的评价过低，只是冷冰冰地说一句“想得到我们的认可就拿好成绩来”，就什么都不管了。

这样父母与孩子永远无法达成共识。因为孩子认为他的价值并不是考试成绩，而是自身的存在感。如果只用考试成绩来评价的话，那自己的存在感会变得更加脆弱。他并不希望自己得了100分才受到关注，而是希望有能力考100分的自己能够受到关注。其实，孩子就是希望父母能重视他，积极地认可他，发自内心地爱他。

这就是自我肯定的思考方式。

他希望自己即使失败了，成绩下降了，甚至反应很慢，父母也能无条件地接受自己，能认识到自己的无限可能性。他还期待对于努力挖掘潜能的自己，父母能够体谅和支持。

这样他就能充分调动出生命潜在的能量，茁壮地成长。父母如果能够不只是关注眼前的成绩和孩子的态度，对于孩子的一切行为都能予以肯定的话，孩子一定能够充满力量地不断前行。这就是得到父母尊重的孩子反过来对父母的尊重，是自然而然的心理发展过程。

可是我眼前的这个孩子对他的父母完全没有尊重之意。

他的父母觉得自己的孩子什么都不行，那孩子又怎么能尊重父母呢？他从父母那里别说得到同理心和友情了，就连对自己存在的肯定都没有得到。

怎样帮助孩子建立自信

前面我已经指出了亲子之间的心理互动机制，就是孩子以认同自己的父母为荣，而这种自豪感又能给孩子建立自信。

如果忽视了这一点，不仅亲子关系会断绝，孩子还会对父母很失望，甚至严重到完全丧失了自信。

孩子会不断地希望父母能够无条件地接受自己的存在，这是不争的事实，所以父母千万不能忽视这个事实。

如果父母希望孩子更有毅力，能够更加自主地努力学习，那就不应该对孩子不闻不问，而是应该更加体贴孩子。孩子如果没有得到正面的评价和全面的支持，是很难有勇气不断前进的。孩子如果不能从父母那里得到足够的“自我肯定”，根本无法获得自豪感和勇气的。

我对哀叹孩子没出息的妈妈毫不客气地说：“您的孩子一点儿也不尊重您，所以他才总是无精打采的。”

听了我的话，那位妈妈对我非常不屑，反驳说：“我可不是自吹自擂，我们家孩子对我们是非常尊重的。”

我看着垂头丧气的孩子回答说：“可他好像不是这么想的。”

那位妈妈继续辩解道：“那是因为他还没有意识到

而已。”

于是，我转身对着孩子问：“你会以你的爸爸妈妈为荣吗?”

他有气无力地摇了摇头，紧咬着嘴唇。

接着，我对目瞪口呆的妈妈说：“您如果不能积极地评价孩子，不给孩子足够的同理心和支持的话，孩子是不会以你为荣的。这也是孩子没有自信、没有干劲儿的原因。”

所谓勇气，就是做自己主人的气魄。如果孩子能经常从父母那里得到积极的肯定，在难过的时候能得到鼓励和共情，在艰难的时刻得到帮助和友情，那么他一定能够神采奕奕、自信满满地成为自己的船长，扬帆远航。

这便是自我意志和责任感产生的过程。

要经历这个过程，必须有勇气和自豪感。而所需的勇气和自豪感也只能从父母给予的“同理心”和“友情”中得到。

在下一章里面我会主要讲解一下如何做才能成为自己人生的主人公。

第2章

给原原本本的自己打个满分吧

无法做自己人生主人的孩子

在我的补习班里面有两个完全不同的孩子。

一个是成绩优秀、父母也很重视教育的一郎（化名），另一个是非常淘气的二郎（化名）。这两个孩子可能是因为住得近，关系非常好。他们总是结伴来补习班，不约而同地坐在一起。

他们俩每个方面都各有特色，唯一共同点，就是都非常自信。一郎的成绩非常优秀，所以他自信是很自然的事。一郎总是一副信心满满的样子，上课的时候也总是很稳重。二郎也总是自信满满的样子，是一个非常有趣的人，一直是班上的人气王。

二郎受欢迎的秘密

那么，二郎为什么对自己这么有自信呢？他自信的源泉是什么呢？他的成绩也就是中上水平。可是他却有超强的领导力，班里成绩优异的孩子、家里条件优越的孩子都唯他马首是瞻。

我在观察他的过程中发现了一个有趣的现象。他喜欢给自己打100分。所以，即使被同学指出作业里错误连篇，他也满不在乎。如果被朋友嘲笑，“什么呀！你连这么简单的题都不会做”，他只会毫不在乎地点点头。

他对原原本本的自己非常满意，即使考试只得了50分，或者忘了带东西，或者被卷入麻烦，他也总是能坦然面对。

他有接受现实的勇气和冷静，还有非常强大的内心，知道首先要接受现实，之后再寻找对策。

但其他孩子做不到像他这样。因为他们没有接受现实的勇气。他们总是会被不安、恐惧、焦躁所笼罩，内心产生动摇，然后就慌了手脚。

如果考试只得了50分，他们眼前会立刻浮现出妈妈严肃的表情；忘带东西后，他们就会担心被老师骂；遇到突发情况，他们首先想到的不是如何处理问题，而是悲叹自己的不幸。

所以，他们总是不够沉着冷静，即使想集中精力做一件事情，也会马上被其他的事情干扰，容易分心。

他们害怕看不见的东西，恐惧听不见的声音，担忧触不到的幻觉。

而二郎只相信能看到的、听到的、用手触摸到的东西，因此他能够坦然接受现实。50 分的试卷，不能代表什么；忘带东西如实告知老师即可；遇到突发情况，冷静思考，寻找最佳的解决方案即可。

孩子内心的不安是妈妈引起的

为什么大多数的孩子不能坦然地接受现实呢？为什么接受现实让他们内心如此的不安？原因就在于带他们的妈妈不能坦然接受现实。

看到孩子考了 50 分的试卷，她们会立刻变脸，严厉地对孩子说：“我跟你说了多少遍，让你再努力一点儿，你就是不听！”

孩子忘了带东西马上就训孩子：“你怎么什么也记不住呢？所以我才总说你！真是的！”

如果孩子不小心惹了麻烦，妈妈的声音会立刻提升八度：“你到底怎么回事儿？怎么这么不注意！”

对孩子来说，比起眼前的现实，妈妈的愤怒和斥责才是更大的问题。

他们在意的不是眼前的现实问题，关注的不是充满梦想和憧憬的希望，而是藏在现实后面的他人评价或妈妈的脸色。

“会不会被骂啊”“真不想再看到妈妈生气的脸”“好像事情已经糟得不能再糟了”，这些幻想都是悲观的预测。孩子就如同走夜路的胆小鬼害怕幽灵的影子一样，惴惴不安，杯弓蛇影。

孩子一直处于这种心理状态，哪里还有心思学习、整理房间、踏踏实实地读书啊！他们内心波涛汹涌，不能静心干任何事情，就如同动物园中困在笼子里的狗熊似的，转来转去。

他们无法用大脑思考，只是在意“别人怎么想”，从不考虑“自己怎么想”。

专心应对眼前现实的孩子，他们只关注现实情况和自己，他们会用自己的头脑进行思考，听从自己的心声做出判断，专心致志，心无旁骛。所以，他们能够持续几个小时全神贯注地学习和读书。

他们会把精力集中在挖掘自己的无限潜能上，向着自己想要的方向扬起风帆，奋勇向前，全身心地面对眼前的现实。所以，他们不会感到不安、胆怯和孤独。

成为自己人生的主人公就是指这样一种状态。自信也是由此而来的。

不能成为自己人生的主人公的孩子从一开始就放弃了“面对现实”和“用自己的大脑思考”。

他们关注的是眼睛看不见的、耳朵听不到的、手触摸不到的幻想；他们在意的不是自己的想法，而是“妈妈怎么想”“其他人怎么看”。也就是说，他们借助于别人的头脑来思考问题，他们处于一种丧失自我的心理状态。

不用自己的大脑来思考的孩子是不可能把自己的能力充分发挥出来的。不管是学习、运动，还是与朋友交往，他们干什么事情都会半途而废。就如同一艘没有船长的船，最终的命运只能是遇难。

不面对现实的孩子也是这样。学习、运动、交友都是必然会经历的现实。由于不能面对现实，所以他们根本就无计可施。

很多妈妈都感叹说：“这孩子在上初中之前都还挺好的呢……”但实际上有这样感慨的妈妈几乎都在为孩子在学校被当作问题儿童、孩子实施家庭暴力或者孩子拒绝上学而苦恼。

于是，我这样问她们：“您的孩子在上初中之前是什么样的好孩子呢？”

她们的回答几乎是没有什么差别：“就是家长说什么就听什么，从来没有顶撞过父母。”

果然不出所料。她们口中的好孩子就是完全听从父母的命令和要求，不论被家长如何强迫也不会反抗，非常容易控制的孩子。

对“命令”“禁止”“强制”能无条件服从的孩子，绝不可能是自己人生的主人公。他们并不会用自己的大脑去思考如何应对眼前的现实，他们只不过是屈服于妈妈的控制罢了。

他们在意的不是眼前的事实，而是妈妈的话和妈妈的态度，他们不是用自己的大脑去思考，而是借用妈妈的大脑去思考。

所以等他们进入初中，需要用自己的双眼去看现实，用自己的大脑去思考对策时，就会四处碰壁，甚至进一步得上焦虑症。

他们一点儿也不相信自己的眼睛和大脑，因为他们一直没有接受过这方面的训练。所以，他们对自己的定位很不清晰，没有自信，对他人的话和想法非常敏感。

被虚情假意的爱捆绑的孩子们

上面说的这种孩子完全感受不到父母对他们的爱。

他们的父母有可能会倍感委屈，说“哪有不爱自己孩子的父母啊”。但是，孩子们根本就不想听这些冠冕堂皇的话。

事实证明，问题儿童和他们的父母之间根本就不存在爱。

爱是在无条件接受对方的前提下做出的具体行动。也就是说，爱是一种无条件的行为。但是，这些父母给孩子的“爱”却是有条件的。

孩子一直都被带有各种条件的虚假的爱紧紧捆绑着。所以，他们不得不放弃用自己的双眼去看现实，用自己的大脑去思考对策，不得不放弃了做人最重要的部分。

我把这种情况称作“劫机症候群”。这种父母与孩子之间不是爱的关系，而是控制与被控制的关系。在这种情况下，如果孩子还能感受到父母的爱，那简直是奇迹了。

失去了爱的支撑，孩子就被孤立了。他们会觉得自我存在的地基摇摇欲坠，整个人被不安、寂寞、孤独感摧毁了。

爱单靠给予的一方或者被给予的一方都是无法成立的。你如果收到了讨厌的人给你的情书，反而会觉得很不高兴吧。一味地单相思，对方也是感受不到的。

不爱一个人，也就感受不到对方的爱。感觉到不被爱的人，通常都是自己缺少爱。

也就是说，感觉不到父母的爱的孩子，无一例外都不会爱自己的父母。这就是爱的永恒法则。有条件的爱、控制、命令的关系是不可能有真正的心灵沟通的。

让孩子们感到痛苦的“劫机症候群”

训斥教育的“回报”

有一次，我在某地做完演讲后，和几位女士一边喝茶一边促膝长谈。她们大部分都是奶奶辈的长者。

大家在谈话中不知不觉地开始吐槽起自己早已成年的儿子和女儿。不管是不是和孩子住在一起，她们对自己的儿子、女儿都有不满。

这些不满主要表现在以下三个方面：“对自己说话不温柔”“钱的方面有很多分歧”“孩子对自己总是没好脸”。

于是，我就借机把她们过去对孩子是什么态度问了个清清楚楚。询问的过程中，我的脑子里突然闪出一个念头，于是我完全猜中了最后一个发言者的说话内容。

“我不用问都能知道您以前是用什么态度对待孩子的。

在物质上，你从来没有让孩子有过任何不满足。可是，你非常能唠叨，而且在孩子面前总是一副不耐烦的样子。所以，孩子在你面前总是唯唯诺诺的……是不是？我说的没错吧？”

那位女士瞪大了眼睛吃惊地看着我，说：“应该就是您说的这样。不过，您怎么会知道呢？”

她几十分钟前是这样吐槽的：“我女儿很孝顺，只要我跟她说，想买什么，她都会给我买。但是，她非常爱唠叨，真让人受不了。而且，她在我面前总是皱着眉，一副不高兴的样子。我知道她不是针对我，不过她从来都不对我笑，还是觉得少了点儿什么。”

其实，这位女士的女儿只不过是重现了当年妈妈对自己的态度而已。

另一位女士叹息道：“我儿子只是嘴甜，但从不轻易给我零花钱，得要好几次才给。我朋友的儿子每次只要听说她有旅行的计划，都会给她几万日元的零花钱。真是让人羡慕。”

其实，这位女士刚才自己也说过：“当年孩子想要一些新奇的玩具时，我从来不会立刻满足他，我会花很长时间跟他讲爱惜东西的重要性。直到现在孩子还经常说我‘小气’。”

孩子会无意识地把父母原来对待自己的方式返还给父母。这可能就印证了爱是一种学习行为。

这时，我忽然意识到一件事，竟然有点儿不寒而栗。

原来孩子会把父母给予过他们的爱，原原本本地还给父母。如果是这样的话，那些小时候没有从父母那里感受到爱的孩子，长大后又会怎么回报父母呢？

比如只有本能的爱的亲子关系，控制和被控制的亲子关系。如果说爱的交流也是相同性质的爱的交换的话，不能很好地爱孩子，将来的“回报”势必是非常残酷的。

以友情缔结的亲子关系

接下来，让我们言归正传。

二郎感受到了父母对他充足的爱。他的父母总是让他坚定地认为原原本本的自己就是最好的自己。所以他非常爱自己的父母。学校的老师在提醒他注意交友关系时，他妈妈会像勇敢的武士似的，立刻反驳说：“不会的，我家的孩子不会那样的。”

只要孩子发现父母会全面支持他，他就会对任何事情都不畏惧了。

二郎父母的教育方式是，遇到事情先让孩子去尝试。不论结果如何，都绝对不会批评孩子。孩子失败了的话就安慰他，成功了的话就和孩子击掌庆祝。所以，二郎才会那么喜欢自己的父母。

不过二郎很独立，无论多么喜欢父母，都不会依赖父母。也就是说，他们之间是一对一的友情关系。因此，他才能够不依赖父母，堂堂正正地做自己人生的主人公。

你一定行！

他很听父母的话，但是从来不认为这是父母对他的控制，而认为这是亲子之间友情的体现。

有不少母亲都抱怨自己家的孩子一点儿也不听话。原因就在于，他们的亲子之间没有友情，只是单纯的控制与被控制的关系。

孩子也是有自尊的，是不可能一直甘心屈服于他人的控制的，尤其是到了自我形成期的自我意识萌发期的10~15岁，被人控制是非常羞辱、无法忍受的事。所以，他们对妈妈的唠叨极度反感，嫌妈妈“烦人”。

一个人听从他人的指示是需要前提条件的，那就是对方对自己的肯定。就如同人们只有给汽车油箱加满油，保养好发动机，才能够参加严酷的汽车比赛一样。

如果父母一方面经常训斥、否定孩子，另一方面又控制他们，那就如同在抽光汽油，也不保养发动机的情况下，让汽车在沙漠上奔驰。这种行为不仅是欠考虑的，更是非常危险的，这是一种“野蛮行为”。

二郎这样的孩子能不懈努力，是因为他们从父母那里得到了让人内心温暖的友情。

为什么一郎的成绩会下滑

二郎的成绩一直在稳步上升，而他的好朋友一郎的成绩却有些停滞不前。细细观察的话，就会发现，一郎觉得学习是件很痛苦的事。原本很开朗的孩子，现在却一脸的忧郁。

后来没多久，二郎的成绩就追上了一郎，甚至超过了一郎。

于是一郎的妈妈就过来咨询一郎的事。他妈妈认为，孩子成绩下降非常不可思议。

一郎在家学习的时间比以前增加了，但成绩反而没什么提高。这一点让他的妈妈非常费解。他的妈妈觉得是不是孩子的学习方法有问题，这才来咨询我。

但是我对一郎的成绩为什么下降也是一头雾水。如果一定要说原因的话，就是一郎最近没什么精神。我觉得即便把这个情况告诉他的妈妈也解决不了问题。

正在我百思不得其解的时候，他的妈妈无心说的一段话引起了我的注意。

他的妈妈理直气壮地告诉我："我跟他说，学习是快乐的那都不是真的。想进一流大学，必须品尝下到十八层地狱般的痛苦。那孩子看事情真是太天真了。"

听了这番话后，我恍然大悟，不由得仰天长叹、捶胸顿足。因为我帮助孩子提高学习能力的诀窍就是，让孩子相信我能够缓解他们学习的痛苦。这也是我传递给孩子的信念。

剥夺孩子们的自由就是教育？

我经常对来事务所咨询的妈妈说："您不要把教育啊、教养啊想得太高深了。"

听了我的话，她们会哑然无语，用非常怀疑的眼光看着我，然后说："我可是听说老师您很有教育见地，才特地过来请教的。"

这时我会非常严肃地告诉她们："最崇高、最伟大、最优秀的教育理论就是妈妈的温柔。"

正在生长的花草，最需要的是阳光、水和肥料。如果把含苞欲放的花朵放到背阴处，天天被寒冷的北风吹，并且不给它浇水的话，花草是一定会死掉的。遗憾的是，这么浅显的道理很多妈妈并不明白。

剥夺孩子可能性的妈妈

“真的只要对孩子温柔就可以了吗？”

眼前这位非常沮丧的妈妈反复地问我。她肯定是想从我这里听到让人耳目一新、醍醐灌顶的教育理论，所以听到我说“温柔是最好的教育”这样平凡的答案，她实在是非常不满意。

我还不小心说了最好不要总想着教育、教养的事，她实在忍不住对我嗤之以鼻了。

妈妈们一说起孩子的教育，经常会走两个极端，一个是正确的方向，另一个是完全的反方向。因为她们对教育和教养的认知有着 180 度的不同。

所以我才要说：“最好不要太纠结于教育和教养了。”

与其造成负面影响，还不如什么都不做呢！

前面提到一郎的妈妈竭尽全力想要提高一郎的成绩，却剥夺了孩子的可能性。如果一郎的妈妈能对他说：“你这样就已经很好了”“你只要做你自己就好了”“妈妈非常佩服你”，一郎肯定能发挥出自己真正的实力，在全国统一考试中名列前茅。

但是一郎的妈妈的做法却完全相反。

以前一郎对自己挺满意的。他完全靠自己的努力实现自己的目标，同时也能感受到大家对他的肯定。所以他才能毫无杂念地投入到学习中。

但是他却被妈妈否定得一无是处，什么都做不对，搞得他完全不知道该做什么了。毕竟他的妈妈连“地狱走一遭”这么可怕的话都对他说了。一郎肯定完全不知所措了。

教育秘籍之类的东西不过是锦上添花而已。但是很多妈妈们舍本逐末，把锦上添花的东西排到了最重要的“温柔教育”之前。她们已经忘了教育最根本的是亲子关系。

不管我多么苦口婆心地告诉她们“妈妈只要温柔就足够了”，她们都听不进去。所以很多母亲高举教育和教养的大旗，拼命地逼迫自己的孩子。

每次看到这种情况，我都忍不住想大声疾呼：“不要再拘泥于这些无关紧要的东西了，如果忘掉了对孩子应有的温柔，必将一事无成。”

自我肯定让孩子重返学校

为心理问题痛苦的孩子无一例外都是败给了自我否定这个心魔。拒绝上学、实施家庭暴力、违法行为，有这些症状的孩子都认为真实的自己是“恶”的存在，最终做出了悲剧性的自我伤害行为。有用刀刺伤自己的少年，也有以堕落为目的而多次离家出走的少女。

他们内心期望的就是自我肯定，而且是非常强烈的自我肯定。他们期冀着用非常强烈的自我肯定把一直折磨自己的心魔连根拔起。

自残的少年回家后，开始对家人实施暴力。他对无情地撕开他心灵的伤口还往上撒盐的父母进行了报复。

事情发展到这个地步真是无法挽回了。他的心中没有丝毫的温暖，只有无尽的憎恨。

这位少年的父母忘记了“温柔是最好的教育”这样简单的道理，由此，他们的家变成了真正的地狱。

这位少年独自一人来到了我的事务所。与其说他是答应了母亲的请求，不如说他自己也希望找到自我救赎之路。我给他的留言说让他到我这儿来一趟聊聊，他爽快地接受了。

面对语无伦次的他，我耐心地进行引导，认真地听他说的每一句话，并不时地点头回应他。

他憎恨身边的所有人。其实应该说，他对周围的人除了憎恨之外，找不到其他的方式来表达自己。

面对这样一个孩子，如果只是说教的话，那么我顶多算是一个普通的教育者。但是我能够看得到这个孩子内心急切的期盼，所以我顺着他的话说：“你说得很对，错的是那位老师，太不讲理了！”“其实你是不幸的受害者，太令人气愤了!”“如果你有善解人意的父母的话，哪会遭遇这么多磨难!”“需要接受心理治疗的不是你，应该是你的父母和你的老师!”

我还对他说：“你的妈妈就是披着人皮的恶鬼，下次她再来我的事务所的话，我一定让她在外面待着，不让她进来。”

最后我故意大声说：“如果我是你的话，我也一定会和你做同样的事情，遭遇同样的不幸。”

此时我发现那个少年的表情有了微妙的变化。他时而低下头，时而茫然地望着窗外，时而眨着眼睛看着我的脸。

几周之后，我接到了他妈妈打来的电话。他不仅完全停止了家庭暴力，还能够和家人坐在一起吃饭了。虽然在饭桌上他一直沉默不语，但对他说“这是你最喜欢吃的菜”时，他会轻轻地点头。听完这位母亲的话，我提出了如下建议：“您找个合适的机会，握着他的手向他道歉吧。不要说谁对谁错，或者今后我们好好相处这些多余的话，只要说最重要的一句，说‘妈妈对不起你’就行。”

之后又过了一个月，他妈妈兴冲冲地打电话小声地告诉我：“我家孩子说他要去上夜校，我高兴地一下子扑过去抱着他，一边哭一边对他说：‘妈妈对不起你，妈妈对不起你……’，我说了十多遍。孩子的眼泪也是簌簌地滚落下来。”

我听得出电话那边的妈妈声音又哽咽了。

发现自我的学习却变成了痛苦的根源

接下来，我们的话题回到一郎。

一郎说他好不容易才能集中精神学习，可他妈妈的几句话就让他完全分散了注意力。原来他都是按自己的想法来学习的。可以说，他可以在自己的画布上自由地挥毫泼墨，而且一直都进展得很顺利。

他对自己在画布上一点儿一点儿完成的画作非常地满意。无论是用色，还是画风，都无可挑剔。即便从大人的角度来看很幼稚或者很粗糙，他自己还是十分满意。

他的大脑就如加满油的汽车的发动机一样，一直在全速运转着。

所以，他能够意识到很多以前没注意到的事情，比如“天空中如果飘着这种形状的云朵的话，风景看起来会更生机勃勃”“浓淡更分明一些，会更能凸显距离感”。

无论是画画还是学习，如果没有这样一种心境，人的才能是无法完全发挥出来的，只有满足感能使人心无旁骛、专注集中。

学习必须不断有新的发现。新的发现越多，越有助于理解，对学习的内容兴趣越浓，对知识的渴望也就越旺盛。

有一点我需要重申一下，希望大家不要误解，所谓新的发现并不是发现教科书或参考书上的知识，而是发现新的自我。

能够使人心无旁骛地钻研的知识都是非常有趣的。当你弄明白英语语法中的现在时与现在进行时的区别时，你也就发现了全新的自我。因为就在前一个瞬间，你还是一个弄个不清楚现在时与现在进行时不同的平凡人。

换言之，获得新知识的过程也是发现掌握新知识的自我的过程。比如，你知道了叙述现在情况的句子使用现在时，现在进行时的形式是“be+动词 ing”。接着，也许你就会想有没有过去进行时呢？求知欲就是这样不断膨胀的，人的注意力和新发现也会由此进入一个良性的循环。这就是我苦口婆心不断强调“快乐学习”重要性的原因。

能完全按照自己的想象来画画，是件令人非常激动的事。完全依靠自己的头脑和自己的想象，不断有新的发现，学习也好，画画也好，都会让人感到快乐。我所说的做自己人生的主人公就是要这样。

但是很多妈妈想彻底摧毁这种专注力。她们只关注考试成绩、学习时间、学习的自觉性，本来应该让人快乐的学习变成了艰苦的修行。

一郎的妈妈认定“儿子的学习态度不够认真”，她随便说几句话，却如同粗暴地夺走了一郎的画板，然后自己在上面胡乱图画一样。这样一来，原本快乐地画画就变成做了做一件无聊的事，甚至是痛苦的强制性的事。

为什么他人的干涉会让绘画变得无聊而痛苦呢？原因是非常明了的。他人的横加干涉，他人强加的想法使孩子丧失了“发现自己新魅力”的喜悦，丧失了学习和创造的机会。没有了“发现充满魅力的全新自我”的喜悦，画画和学习都会变成痛苦的根源。

用物质来解决内心的问题是非常严重的错误

很多妈妈都用考试名次、考试成绩以及学习时间等外在的东西来管理自己孩子的“内心”，唆使孩子打败自己的竞争对手。如果上学期成绩不好就给孩子一个有罪判决，并大肆宣扬这个“判决书”，严厉地逼迫孩子挽回名誉。所以孩子们都非常讨厌学习。

我们必须认真考虑的是，妈妈们这样逼迫孩子，不仅不会给孩子带来快乐，还完全无视了孩子发现有魅力的全新自我的喜悦，完全无视了孩子的内心问题。

妈妈们对孩子学习快乐与否的内心问题置之不理，只关注考试成绩、学习时间和竞争排名等外在的东西，给孩子制定了完美的管理体制。更有甚者，有的妈妈提出“只要孩子的学习成绩提高了就给孩子买电脑”，试图通过“物质”奖励来激发孩子“内心”的干劲儿。孩子的内心因此越来越荒芜。

对于我的话，一定会有人反驳说：“老师，您说的都是理想主义，在现实生活中，考试排名和考试成绩会决定孩子的前途。我们督促和激励不爱学习的孩子，就是为了让他们有个好的未来。”

这种想法是罪孽深重的。正是因为这种错误想法的存在，学习和教养等内心问题变成了外在的物质问题。父母和孩子双双陷入了泥潭，不能自拔。对于上面的反驳，我是这样反问的："您认为排名竞争和应试大战是学习知识的正确方法吗?"

她们回答说："这不是正确不正确的问题，而是实实在在需要面对的现实，我们不能逃避现实。"

变成孩子敌人的母亲

同理心激发孩子的勇气

父母要想使孩子在注重考试排名和考试成绩的竞争社会中脱颖而出，并且能够享受学习本身的乐趣，方法只有一个，那就是向孩子表达自己的同理心。

在应试考试和题海战术中苦苦挣扎的孩子们可以说是受难者。他们是打着教育旗帜的非人性生存游戏中的一个棋子。老师、父母都通过考试成绩、竞争排名或者校训、学习报告等外在的东西来牢牢地捆绑住孩子的手和脚。

孩子们被逼到窒息的边缘，而且他们的肩上还被压上了作业、补习班的重担，真是喘不过气来。

他们不能通过玩耍和友情来丰富自己的精神世界，不管是睡觉的时候还是清醒的时候，想的都是排名和考试。

的确，通过排名、考试成绩以及平时的成绩报告来管理孩子，对老师和父母来说是最方便不过了。

但是对孩子来说，这样的教育无疑是巨大的灾难。所以，妈妈们最需要做的就是向孩子表达自己的同理心。

如果妈妈能对孩子表达自己的同理心，说：“你太辛苦了。你一定不愿意想考试的日子就要到了，而希望尽情地玩儿吧。以前的孩子都被叫作‘风之子’，就是说，孩子从不怕寒风，在玩耍的过程中长大。可现在的孩子都被叫作‘排名之子’。”那么，孩子听了之后会觉得“这也是没有办法的事，辛苦的人并不是只有我一个”，内心也会从容一些。

同理心就是这样激发出孩子的勇气的。

有了妈妈的同理心，孩子就能排除杂念，全身心地努力拼搏。

父母仅仅向孩子表达自己的同理心，形势就能发生 180 度大逆转。只要父母表达了同理心，孩子就能够充满勇气、积极地面对发生在自己身上的“不幸”。相反，如果没有得到妈妈的同理心，孩子就没有足够的勇气去面对降临在自己身上的灾难，很有可能不久就会被压力压垮。

在本书中，我反复强调：妈妈一定要向自己的孩子表达同理心。妈妈们只需要做到温柔就够了。一定不要忽视感情的问题。

这些教育理念已经在前面所述的实践中得到了证实。母亲温柔的鼓励（同理心）和一直站在孩子背后支持孩子的心意（善意和友情），比任何说教都能让孩子变得强大。

不留情面的母亲

但是，很多妈妈不仅忽视了同理心、温柔以及情感问题的重要性，没有对孩子表达同理心，而且还被应试教育牵制着，愈加严格地管理孩子的学习。

也就是说，妈妈已经成了孩子的敌人。她经常毫不留情地对孩子吼道："喂！你整天就这么发呆，下次考试没问题了是吗？你要是成绩下降了，我可饶不了你！"

这样就相当于把孤立无援的孩子推到了枪林弹雨之中。

忘记了温柔的妈妈，一点儿也注意不到自己的孩子已经进入了异常危险的境地，反而认为"孩子没有干劲儿""不听父母的话"，还会更加严格地对待孩子。

实际上，只要妈妈变得温柔了，几乎所有的问题孩子身上存在的问题一夜之间就会消除！

妈妈只要对孩子说："你也很辛苦啊！""妈妈是你永远的后盾。"对孩子表达自己的同理心，孩子的世界就如同一

瞬间从阴森的“地狱”来到开满鲜花的“乐园”。

遗憾的是，很多妈妈认为孩子置身“地狱”比置身“乐园”更安全。因为她们担心孩子置身乐园之后会沉迷于游戏而荒废了学业。所以，必须大声训斥孩子、威胁孩子，不然她们就不肯罢休。

我们再重新审视一下前面提到的一郎的妈妈说过的一句话：“学习是快乐的那都不是真的。要想进一流的大学，必须要品尝下到十八层地狱般的痛苦。”

这位妈妈就是把开足马力、奋力前行的一郎从“乐园”推到“地狱”之后，终于松口了一口气，放下心来。

但是一郎呢？妈妈的一句话让他关上了自己的心门，变得垂头丧气、无精打采。

接下来，我想讨论一下，妈妈们为什么总是抓不住教育的本质（内心的问题），而热衷于增加孩子痛苦的教育方法（进行物质的威胁）呢？

妈妈们不仅对孩子如此，她们对自己也是要求非常严格的。她们过于介意一些无关紧要的小失误，搞得自己整天双眉紧蹙，表情严肃。经常和别人比较，容易让人只关注自己的不幸和弱点，丧失了自信。

也就是说，妈妈们一直徘徊在极度悲观的世界中，所以她们只关注失误和缺点，选择了恐吓和痛苦的教育方针。她们一门心思地想纠正缺点和失误，所以才会用命令、禁止、强制等手段牢牢地束缚住孩子，而忽视了教育的真正意义应该是让孩子体会发现魅力、创新自我地喜悦和满足他们旺盛的求知欲。

请大家谨记，把孩子逼入地狱的教育不仅不会让孩子成才，反而容易把孩子逼入歪门邪道。

给孩子和自己都打个满分吧

为什么说妈妈们的教育完全偏离了教育的本质呢？原因是显而易见的。妈妈们把教育理解为“纠正缺点和错误”的过程。所以，她们只关注孩子的缺点和考试中的错误等让人不愉快的事情。

对和错，我们应该关注哪一个

数学成绩 50 分。一般情况时妈妈看到这个成绩后都会把孩子训斥一通。因为妈妈眼中看到的只是试卷上错误的一半。这时妈妈心中盘算的一定是“这个成绩在班里会排多少名呢？一定是倒数的吧”“估计连平均分都没到，一定要好好地教训一下他”。

如果妈妈只关注错误，比较自己家孩子比别人考得好不好，那么看到这个成绩谁都会生气。

过度关注缺点、对自己过度苛刻、经常自责的妈妈们，殊不知，这样一张试卷就会导致孩子讨厌数学。

被妈妈训斥后，孩子就会被失败感打败，这种屈辱感甚至会导致孩子自卑。这样一来，发现有魅力的新自我也就无从谈起了。这种悲惨的、充满羞辱感的回忆会一直留在孩子的记忆中，影响孩子的一生。

所以，孩子们才会讨厌数学。数学带给孩子的没有快乐，只有挫败感，孩子怎么可能会喜欢数学。

相反，如果妈妈看到考了50分的试卷后，反应完全不同的话，结果会怎样呢？比如妈妈说："太可惜了。不过你已经做到了一半。再加把劲儿，最难的题你都做对了，好厉害啊！"

这样一来，孩子的注意力就会放到做对的那一半题上，而不是错的另一半。他的前途一下子变得光明起来，未来也充满了希望。

如果妈妈能再补充一下，效果会更好。比如说："题做错了也没关系。虽然你只考了50分，但在妈妈眼中你就是100分。你能够做对一半，太棒了。"

听了妈妈的鼓励，孩子的内心一定会重新充盈起来。

虽然孩子只考了50分，但是他也从中获得了一定的成就感。

所以，孩子不会因此被打败，也不会因此就丧失自信，而是会想“下次我一定要考得更好，让妈妈大吃一惊”，他会以一种积极的心态投入到数学的学习中去。

让人丧失自信的罪恶感和孤独感

听了我的话，疑心重重的妈妈一定会反问我：“那么老师，这样会不会让孩子过于自满啊？不管怎么说，50 分都只有 100 分的一半而已。”

我认为有两件事可以摧毁人的自信。一是“罪恶感”，二是“孤独感”。

罪恶感，能够引起自我否定，让人总是责备自己、怀疑自己，最终陷入深深的自卑中。

人一旦被孤独所笼罩，就不得不一直为了消除孤独而努力生活。那样，人生就变成了困在过去的消极人生。

我在前面提到了从拒绝上学最终发展到家庭暴力的少年的事情。在他妈妈请求他原谅的一瞬间，一切都有了好转。原因就在于，“原谅”让他从过去阴霾解脱出来，过去的一切都烟消云散了。

人如果放不下过去，就无法充满希望的迎接将来。

或者应该这样说，充满希望的生活就只能不断地剪断一个又一个过去。

在讲座上，我对大家说："一个人的过失，就如同旧报纸上的新闻，对他本人和别人都没有任何价值。"

听了我的话后，坐在我面前的妈妈们脸色都变得明朗起来。

当我斩钉截铁地说："过去是无罪的，应该释怀。"她们都如释重负了。

正因为她们对过去始终无法释怀，所以才不满意现在的自己。

觉得自己不行，不断地自我否定，都是过往留下的烙印。如果只看现在，那么大家都是白纸一张，都是无罪的。

回到白纸一张的过程就是"原谅"的过程。一直揪着过去的失败和过失不放，就是罪恶感。

人一旦受制于罪恶感，就不能遇见有魅力的全新自我，再做任何事情都不会顺利，而会一直处于烦恼中。

现在大家应该明白，因为试卷上的错误就严厉地批评孩子的做法是多么愚蠢了吧。

孩子根本就不会骄傲自大。觉得不好好管教孩子，孩子就会无法无天、为所欲为的想法，只不过是妈妈们的偏见而已。

其实，妈妈们颠倒了因果关系。正因为妈妈们紧紧地束缚住孩子，抓着他们过去的错误严加批评，所以孩子只想逃跑了。如果妈妈能温柔些，只关注孩子的优点和成就，没有一个孩子会想离开这样的妈妈。

孩子的“罪恶感”和“孤独感”都来源于母亲

总是被过去的错误困扰着，不断地否定自己，不仅会给孩子带来伤害，其实这对妈妈的伤害更大。也就是说，一直紧握着没有任何价值的旧报纸，深受“罪恶感”和“孤独感”折磨的，不是别人，正是各位妈妈们。

我必须要说明一下，妈妈们为什么会针锋相对。

正因为妈妈们对过去不能释怀，深受罪恶感的折磨，妈妈们的情绪全都转嫁到了孩子身上，妈妈们恐惧孤独的情绪也会传染给孩子。

就像根本不信任任何人的妈妈，却要求孩子信任别人一样可笑。如果她的孩子相信别人，那就是人间奇迹了。

妈妈把自己的烦恼转移到了孩子身上

有一个来听我讲座的妈妈非常不善言辞，心中所想的也就能表达出十分之一，是一个非常弱势的妈妈。

但她对自己要求非常严格，总是希望做一个不会犯错的人，所以也经常因此而无精打采的。

这位妈妈是很弱势的好人。所以，她经常会被卷入纠纷之中，或被他人中伤，甚至被陷害。

其实，她早就受不了自己的性格了。她每次反省自己却又会极度烦恼。她很想躲开纠纷，所以经常很紧张，可以说是无时无刻不担心。

她和自己的孩子们相处得也不好。孩子们有点儿讨厌这个经常有些神经质、一点点小事就烦恼得不行而且还特别能唠叨的妈妈。她好像是因为对外人太谨小慎微了，所以对家里人有些脾气暴躁。这是典型的窝里横。她对自己的缺点非常敏感，于是也很容易就能意识到孩子的缺点。她对自己的过去一直耿耿于怀，于是对孩子过去的失败也始终无法释怀。她自己很害怕孤独，却意识不到孩子的孤独。

给自己打满分之后事态就有了好转

在为期四周的讲座结束后，又过了好几个月，她给我寄来了一封信。

……眼看着这几个月里孩子们的态度有了很大的变化，变得非常积极乐观，我们的对话也多了起来，我家先生也很高兴地说，“家里的笑声越来越多了”。

老师您教导我：过去是无罪且没有价值的。听了您的教诲之后，我才终于明白了“给原原本本的自己打一个满分”的意义。

把过去的事情完全置于脑后，回到白纸的状态，就会感觉到每天都力量无穷。这么说可能有点儿夸张了，不过我真的觉得我的人生重新充满了乐趣。老师您曾经说过：“遥远的宇宙发送来能够最大限度激发人类能力的电波。接收这种电波的频率必须是 100 赫兹。”当时我以为您是开玩笑的，但没想到就是这句如同玩笑的话，把一直困扰我的烦恼完全消除了。把自己的频率调到 100 赫兹，实际上就是给真实的自己打满分的意思。

我一直以来过于在意自己的缺点和失败，对自己非常苛刻，并且非常自卑，觉得自己比别人差。

自卑感及对失误和缺点的恐惧，让我变得谨小慎微，非常怯懦。我的这种性格也给孩子带来了不好的影响。我一直给自己的打分都是不到 50 分，而且我还想给孩子也打这个分数。

但是现在我变了。我觉得完全没有必要为了原原本本的自己感到羞愧，也没有必要过于在乎别人的看法和想法。

我把孩子的考试成绩也改成 100 分，孩子们看到后哧哧偷笑。我对他们说："加油，小天才们!"孩子们会非常爽朗地大声回答我。

也许是得益于这些改变，孩子们的成绩都有了提高。前几天，大儿子英语考试竟然得了 90 分，完全出乎我的意料，我高兴得热泪盈眶。因为，以前他的最好成绩也不过是 60 分。

现在看到孩子坐在书桌前自觉学习的样子，我不由得为以前从早到晚唠唠叨叨的自己感到羞愧。但是，我记住了老师的教诲，过去的就过去了，与现在无关，所以我堂堂正正地给自己打了 100 分。

现在面对老师、同学家长和邻居时，我也能够明确地表达自己的想法了。有一个邻居经常在我忙着收拾屋子、做家务的时候来玩儿，她非常闲，就是为了打发时间，从来不问我是否有时间、是否方便，总是想来就来，来了以后就坐着跟我闲聊几个小时。以前的我，即使心里非常为难，也会坐下当她的听众，但是现在我会直接拒绝她：“不好意思，我现在很忙。”

当我第一次说出这样拒绝的话时，内心激动得都想高呼“万岁”了，因为我终于明白了，按照自己的意志来生活原来这么美好。

我完全抛弃了“这样对别人不好吧”的想法，按照自己内心的想法行事。每当我想到真实的自己是 100 分的时候，我激动得又想高呼“万岁”了。

前几天，我和孩子一起去商场买东西，回来的路上去了一趟游戏中心，晚饭在拉面店解决了。以前的我根本不可能像现在这样优哉游哉地度过周末的下午，还在外面吃晚饭。以前我会不断地追着孩子唠叨：“做完作业了吗？”“没事干的话，就打扫一下房间吧。”而我自己会为了如何准备“便宜又可口的晚饭”而焦虑不安。

以前我总是不断地问自己“有没有忘记做的事情”“这样做可以吗”，焦虑别人的生活是不是比我过得更好，一想到这些，我就忍不住叹气，感觉自己就是个笨蛋。

但是现在，即使偶尔偷个懒、歇口气，我也对自己很自信，这才是真实的自我，真实的自我是 100 分的。

以前的我，如果疏于家务，周末无所事事，心里就会有罪恶感。但是老师说过：“人是无罪的，只要不给别人添麻烦，做什么事情都可以。”

现在我感觉自己被解放了，正如老师说的那样：“正确的事情和能力是不同的两件事。”为了自己、为了家人，我不要做怯懦的好人，而要做一个厚脸皮的好人。

以前，我是一个怯懦的好人，所以我对自己要求严格，对孩子也唠唠叨叨。我认为表里不一是不好的，所以为了做到表里如一，我严格要求自己，一丝不敢松懈，结果却伤害了自己身边的人。

给自己打100分后，我能够抛开“罪恶意识”和“孤独感”了。接受了“过去”是无意义、无价值的观点后，每天早上我都会以一张白纸的状态醒来。把一切清零后，我变得非常有活力，每天早上都精力充沛地对自己说：“充满干劲儿地过好今天吧。”

给原原本本的自己打个满分——多么美好的句子啊！老师，谢谢您！

人只有被原谅才能重新开始

和问题儿童面谈时，我总是会对他们说："你们没有任何过错。如果你们还对那些失败的'无聊'的事耿耿于怀，那以后可成不了了不起的大人物。你们听说过吗？在开往未来的豪华列车一等座车票的背面写着这样一句话：'你未来想获得多少荣光，就必须放下多少过去的包袱'。在我看来，对过去不能释怀的人是愚蠢至极的。"

听完我这番话后，坐在我面前的少年们都会大松一口气。为什么呢？因为在那一瞬间，他们获得了斩断过去的勇气。也就是说，在那一瞬间，他们被赦免了。

先把过去归零

原谅过去的错误，就是回到一张白纸的状态，从零开始。既然从零开始，就不要把他继续当成问题儿童来对待了，当成一个正常的没有任何问题的孩子还更轻松、更自然。

但是学校、老师、母亲，他们认为孩子一旦成为问题儿童就永远都是问题儿童。所以，他们拿着矫正、指导问题儿童的手册，不断地研究相应的对策。

我曾经指导过一个问题少女，对这个孩子，我坚持了一贯的态度。首先，承认眼前的这位少女是一位成熟的优秀女性。对这位女士，我没有掩饰自己的尊重之意。我对她说："你值得拥有更多人的尊重。"听了我的话后，原本抱着"破罐子破摔"态度的她，变得温柔可爱起来。

那时，我脑子里删除了她过去的所有信息。我眼中看到的是一个拥有光明未来的少女。这个少女也开始慢慢地打开话匣子，开始谈论自己未来的样子，以及自己心目中的理想男性。

一切正朝着好的方向转变时，她的妈妈一句话毁了整个大好形势。她的妈妈说："你要是总能这么清醒就好了!"少女听到妈妈的这句话后立刻变脸，还嘴道："烦死了……。"

她的妈妈无意识地又把孩子过去的错误给翻了出来，所以孩子才绝望地大声呼喊。

不断地被揭开过去的伤疤，人就会一直被过去所困扰，不能遇见“充满魅力的全新的自己”。所以，那位少女才会伤心欲绝地大骂自己的妈妈。

那时我也非常生气，大喊一声“住嘴”。我气的不是那位少女，而是她的妈妈。我对她说：“您能不能不要随便插嘴。”

听到我的大喊声，那位母亲和少女都大吃一惊，认真地看着我的脸。

于是，我趁机耐心地对她们说：“过去都是没有价值的，也是没有罪的。”我没有笼统地对她俩说“忘记过去”。

我对那位妈妈说：“在这个世界上是没有过去的。请您把这一点铭记在心。以后不要再提起孩子的过去，否则就别来找我了。”

我对那位少女说：“做现在的自己就好。现在的你是与过去没有任何牵连的一个全新的自己。”

过去的失败以及因为过去的错误产生的罪恶意识，都是损伤我们精力、挫败我们勇气、夺走我们干劲儿和自信的罪犯。

过去原本是无价值的，但我们却很难回到白纸的状态，很难给真实的自己打 100 分，很难为了自己竭尽全力。原因就在于我们不能“原谅”。因为缺少原谅自己、原谅别人的宽容精神，所以我们一直被过去的错误紧紧地捆绑。

从忘记错误开始

满试卷的叉号，让正确答案无处下笔。我认为试卷上不需要叉号，只有对号就足够了。仅仅因为学生“不理解”“错了”“忘记了”等理由而没有写对正确答案，老师就给了一个大大的“叉”，这太不可理喻了。我们不应该给孩子打叉号，而应该温柔地教会孩子正确答案。

孩子看到试卷上的叉号，就如同自己也被打了叉号一样。但是如果试卷上只打对号，那么孩子看到试卷上寥寥无几的对号，一定会给自己打气说：“下次一定要努力。”

满试卷的叉号会影响孩子的干劲儿。因为人的本性：获得了积极肯定的暗示，才能够勇往直前。

孩子学习成绩一直提高不了，很多时候都是因为看到了满试卷的叉号，大脑无法运转了。被“叉号”捆住手脚，孩子很容易丧失学习的兴趣。同样的道理，把问题儿童一直当作问题儿童对待，那么孩子就会一直被“问题儿童”这条绳索束缚住，永远也挣脱不掉。

有一位妈妈看到孩子的试卷后，会用修正液认真地涂掉上面的叉号，然后和孩子一起用红笔写上正确的答案。全部改完之后，妈妈会大大地写上“100 分”。

这里面最重要的不是修正答案、修改错误，而是擦掉叉号的做法。与孩子一起高高兴兴地擦掉叉号，孩子就能够轻松地克服“叉号”的恐惧。

叉号是对过去的惩罚，是竞争社会给落后者打上的一种残酷的烙印。

其实，这只不过是应试教育中淘汰考生的一种手段而已。

被打了叉号的知识点，只是当时不会，随着进一步学习，弄清楚也不是难事。也就是说，对与错只不过是时间问题而已。对于一个问题，孩子的理解速度有快有慢。有的孩子能够很快就理解，有的孩子需要耗费一些时间才能够理解。但学习并不是说理解得越快越好，很多时候，花费大量的时间慢慢理解，反而更有利于透彻地掌握。其实，慢慢地理解才是正确的学习方法。

妈妈心理学课堂体验漫画⑦

父母只关注考试考好的部分，孩子的成绩发生了惊人的提高。

——妈妈 M 和儿子 N——

我去复习吧……
嘿嘿嘿
你最近好像变了。
我现在只看做对的地方。
下次继续加油！
其实你是能做对的。
啊，真的是……
总是盯着错的地方，有时候连对的地方看起来也不像对的了。
嗯？真的这是对号吗？
呃……
很可疑
你看，有叉号！赶紧消除！
我之前一直以为消除叉号就是教育……
什么都不想学了！
妈妈是坏人！
这孩子完全得意忘形了，不过成绩确实逐渐在提高！太好了！
最近我感觉状态非常好。我是天才。这些都不会做的话，
那就太说不过去了。
妈妈你看，88分。
88
这个状态可以！
山崎老师不是也说过，成就感对学习很重要嘛！
原来如此！

所以，前面的那位妈妈才会拼命地擦掉叉号，给得了50分的卷子打上100分。那位妈妈想表达的意思："我家孩子并不是不会，只不过还没有记住而已。"

叉号原本的含义就是"你还不理解这个问题，还需要进一步理解，所以不能给你打对号"。擦掉叉号，写上正确答案，即使这个正确答案是在爸爸或妈妈的帮助下获得的，那也是一件值得自豪的事情。

所以，不在意叉号的孩子，能够不断地挑战全新的自我。因为，他们眼中看到的不是写满叉号的过去，而是画满对号的未来。

第3章

孩子希望妈妈能够理解自己的心情

面对孩子的“任性”和“自私”，要先去理解孩子的心情

人不可能独自生存下去。一个人单打独斗的话，会因为孤独感而身心疲惫。人也很容易因为孤独的辛苦与悲伤，变得自暴自弃，甚至可能走上犯罪、伤害他人甚至自杀的路。

但是，很多人认为孤独没有什么大不了的，只不过是“没有伙伴一起玩儿而已”。他们根本就没有意识到孤独的危害到底有多大。

只有确认了妈妈的爱之后，痛苦且悲伤的孤独感才能得到安慰

我时而会想：人大概是为了克服与生俱来的孤独，才活得那么辛苦吧。

我认为人类活动的动力源泉是内心对他人的爱的渴望，

这种渴望是非常强烈的。

换一种说法，大家会更好理解。对人类来说，没有比孤独感更加痛苦的了。为了克服这种孤独感，人类日夜不停地努力，绞尽脑汁追求新的智慧。然后，从与他人建立的温暖关系中，摆脱孤独，寻求幸福。为什么孤独会让人类感到痛苦与悲伤呢？只要思考一下自己的人生，你就立刻会明白了。

人从呱呱坠地开始，就一刻也没有单独生活过。人不可能像生活在深海里的鱼一样，独自藏在角落里静候猎物上钩，这样的人生是无比悲惨的。

婴儿时期，我们集父母的爱于一身，被妈妈搂在胸前安睡。幼儿时期，父母一直陪伴左右。长大后，我们也继续着这种有爱的生活。

父母、兄弟姐妹、朋友、同学、同事，以及恋人、爱人、孩子。人的交际网就这样没有边界，无限延伸，给我们的内心带来了无法衡量的充实感。

人不能一个人生活，不是因为软弱，而是因为与他人互相扶持着走下去是人类的宿命。也就是说，人不是独行侠，是需要生活在一定的人际关系中的。所以，与他人关系和谐的时候，人就会感到安心；与他人关系糟糕的时候，人的内心就会变得忐忑不安，像在波涛汹涌的大海中航行的小船似的，在狂风暴雨中不断地颠簸，彷徨不前。人不能忍受寂寞，不是因为柔弱，而是因为只有在爱与被爱中才能活出人的尊严。

我们的心理活动也是在与他人关系的基础上形成的。接纳他人、被他人接纳的喜悦，就成为头脑转动和内心活跃的润滑油。与他人建立信赖关系后，自我就可以获得内心的安定。

心理疾病都是由于隔断了自我与他人的关系后导致的。当我们知道不能从他人那里获得期待的共鸣或理解后，就会产生封闭自己、与他人保持一定距离的念头，这样对本人来说是最理想的状态。于是，我们就会停止内心的活动，把自己封闭到自我的小天地中。

很多人认为“自我”是靠自己的力量建立的，甚至有人认为，要建立真正的“自我”，就需要消除与他人的依赖关系。只有能够忍受孤独，耐得住寂寞，才算是真正成熟的人。

其实，这是很大的误解。如果寻求自我就要排除他人的话，那么我们所有的人都会患上自闭症。

我们忘记了一个人是不可能生存下去的道理，人不可能像深海里的鱼一样独自生活。

自我的再统一是指什么？

孩子们长大后，就开始为与父母的关系感到烦心。他们开始想摆脱父母的保护、干涉和控制。

这时，在他们的生活中，父母的重要性开始减弱，他们更需要的是朋友、恋人，以及前辈、后辈、熟人这些社会性的关系。

这时候，父母会感觉孩子开始疏远自己。其实对于这时候的孩子来说，和朋友一起外出郊游或听音乐会，比和父母一起旅游更快乐。他们热衷于通过与朋友、同伴的交往，发现全新的自我。

但是需要弄明白一点，孩子与朋友的交往，归根到底只是亲子关系的替代品。也就是说，在孩子的潜意识中，依然期盼着与父母之间的坚强纽带。

如果忽视了这种纽带关系，孩子或许就会被寂寞击垮，甚至丧失生活的勇气。那些一直生活在父母的庇佑下，一直被娇宠，甚至没有想过要摆脱这种生活的孩子们，除了父母，他们不可能与其他任何人建立信赖关系。

我们长大成人后，希望实现自我的再统一。摆脱一直被父母保护的幼小的自己，转而向他人寻求理解和支持。

处于父母保护下的儿童时期的孩子，是不可能按照自己的意愿开拓自己的人生的。说他们“没有责任感”或许不太恰当，但是正因为他们处于父母以及周围成年人的控制下，所以在一定程度上允许他们处于一种分裂状态，允许他们的任性和妄为。但是长大成人后，这种行为将不被允许。他们必须控制好自己的冲动和个性，形成稳定的人格。

这时就需要把以前处于分裂状态的自己统合到一起，实现自我的统一化。此刻与他人的关系就变得异常重要起来。也就是说，人在进行自我再统一之时，离不开他人的帮助。

如果不能实现自我的再统一，那么内心就会忐忑不安，就会陷入深深的不安和寂寞中，不能获得片刻的安宁。人会被自己力量的弱小所困扰，被恐惧、孤独感所折磨。

万一出现这种情况，人要么会寻求宗教的安慰，要么会过着醉生梦死的享乐生活。但是，所有的这些做法都是徒劳的，特别是醉生梦死的享乐，事后需要承受大于享乐几倍的痛苦。

和他人建立的信赖关系可以消除孤独感

在这里，我还想再重申一遍，人是不可能独自生存的。也就是说，人的烦恼、困惑，没有别人的帮助是不可能消除的。这是人类的宿命。并且，这种宿命是无论如何都无法摆脱的。修养再好，读书再多，孤独的痛苦还是会一直伴其左右，直到孤独的状态消失为止。

即使内心再强大也是无济于事的，因为人类的天性决定了人是不可能战胜孤独的，所以人对孤独感是无能为力的。

我反复强调过：孤独感和罪恶感能够把人变得脆弱。因此，想要获得内心的安定，不是一件容易的事情。

要消除孤独感，就需要父母或者朋友、恋人的帮助。其实对我们来说，最值得信赖的人是父母，朋友和恋人只不过是父母的替代品而已。

即使把座右铭读上千百遍，也不可能摆脱孤独感。但是，如果被父母或者爱人紧紧地抱住，我们立刻会涌现出无穷的勇气，孤独感会立刻烟消云散。

孩子在步入成年之际，都会埋头干一件大事，那就是进行“自我的再统一化”。亲手结束在父母面前撒娇的日子，靠自己勇敢地迈入成年人的行列。

“自我的再统一化”要这样做……

此时他们会遇到一个巨大的矛盾。打算离开父母实现独立的自我再统一，需要从与父母的一体感中脱离出来。自我再统一是在与他人的信赖关系上建立起来的，而最值得信赖的他人就是自己的父母。

其实，冷静地想一下，两者并不矛盾，这只不过是一个过渡。孩子想要摆脱的只是父母的命令、禁止和强迫，而不是父母的爱。

但在父母看来，寻求自立的孩子就好像急切地想离开父母一样。其实，这只是孩子开始关注外界的一个外在表现而已。孩子并不是讨厌父母，只不过在他们进行自我再统一的时期，如果父母喋喋不休地唠叨，他们会担心继续被父母当作幼儿对待，所以才会进行激烈的反抗。

那些出现断绝亲子关系情况的家庭，就是弄错了事实真相。

从小学高年级或中学开始，孩子内心就会出现很大的波澜。他们想从躺在妈妈怀里睡觉的体验和记忆中走出来，进入成年人的世界。

正如我前面所说："妈妈的唠叨是多余的，而妈妈的温柔是孩子成熟的催化剂。"这个自我再统一的矛盾必定是绕不开的。

在这个时期，最重要的也是最好的方法就是理解孩子这种复杂的心情，静静地守护孩子。

理解对方才能建立信赖关系

有一个少年因为和朋友一起在超市偷窃被警察收容教育，幸运的是对方同意不告诉学校，只是让他们道歉和赔偿就放过了他们。这件事情以后，这个孩子的成绩一点点下滑。妈妈老是叹息："以前多好的孩子啊，可惜现在……唉……"妈妈越是叹气，孩子的内心越不安。但是妈妈的一句话给了孩子重新振作起来的勇气，那就是"你一直都非常后悔吧"。

这时孩子终于说出了实话："当时我也是没有办法，运气太差了。如果当时我自己逃跑了的话，会被当成胆小鬼的。"

这时妈妈才终于知道，其实孩子是被卷入这个事件的。事情发生的时候，这位妈妈非常慌张，严厉地斥责了孩子。但是孩子却一句话也没有辩解，只是低头不说话。

孩子有自己的想法，如果他说出自己没有做的话，就等于出卖了朋友。或许他对自己视而不见的做法感到羞愧，或许他当时的确是共犯，但是他当时闭紧嘴巴什么都没说。

下定决心严守秘密是成年人的觉悟。孩子坚持这种成年人的觉悟，或许就是为了进入成年人的行列。

这是一个令人头疼的年龄段。不仅让父母感到头疼，他们自己也非常苦恼。但是任何人都必须经过这个艰难的阶段。

这个孩子应该是很孤独的、很可怜的，但是如果他背叛了朋友向母亲坦白了一切的话，那么自我的再统一就会失败。因为自我的再统一必须建立在与他人完全互相信赖关系的基础上的。

如果当时妈妈非要刨根问底，不断地责备他，他可能真会和妈妈断绝关系。现在的他已经不是被妈妈惩罚一下就哭泣的小孩子了，但还没拥有成人般的坚强和智慧，所以无法从容地应对一切。

当自己的心情被妈妈理解后，这个少年立刻恢复了活力。因为他既摆脱了妈妈的控制，又得到了妈妈的理解，感觉自己是大人了，能够完全放下这件事情。

身边有能够理解自己的人，我们就会感到非常安心。如果身边有一个不计较得失、不需要理由全力支持自己的人，内心就会如同静静地漂浮在海湾的小船，非常沉着。但是如果被孤立，内心会非常不安，就如同置身于波涛汹涌中，随时担心会被大海吞没。

如果那个时候，妈妈对他这样说的话，事态会变成什么样呢？“你一定是被其他孩子利用了。你没有错，错的是那些孩子，你还是你。以后不要让妈妈失望了。”

听了妈妈的这番话，孩子一定会非常失望。因为他认为妈妈还仅仅把他当作一个孩子看待，一点儿也没有理解他的心情。

实现“自我再统一”，需要的是与他人之间无条件的信赖关系。这种信赖关系超越了对与错的价值标准，同时还需要与他人互相理解，以及等待有一天能被理解的成熟态度。

孩子之所以茫然，是因为妈妈内心不安定

上一节我说过，内心的安定需要通过对他人的信赖获得。身边有一个自己真心信赖、互有好感的人，内心会感到非常充实。

实际上这是非常困难的事情，因为人很难做到百分之百地信赖他人。别说别人了，就是对自己也很难百分之百地信赖。所以，我们的内心经常伴随着不安，经常感到孤独。

难以百分之百地信赖，这好像就是我们内心迷茫的根源。可以说，我们的人生旅途就是在不断地追求绝对的信赖，也就是不断地追求内心安定的过程。

回想一下小时候的情形，生活在我们身边的是让我们绝对信任的父母。正因为百分之百地相信父母，我们的童年才能过得无忧无虑，非常幸福。但是长大后，这种绝对

的信任不存在了。因为经历了自立的过程后，我们必须要抛弃这种绝对的信赖。

孩子内心不安定的真正原因

在讲座中，我经常进行这样的问卷调查。

“请写出 5 个你认为是绝对的事物，太阳每天从东方升起等自然现象除外。”

令我吃惊的是，大家都认为没有什么绝对的事物。也就是说，我们不仅对他人没有绝对的信任，就是对自己也不是绝对信任的。

有几张问卷上写着“自己”“金钱”“孩子”“丈夫”“父母”，但是每一项的后面都打了问号。

于是我问大家：“为什么我们已经不再相信有绝对的事物了？”

妈妈们都轻轻地摇头，谁也答不出我这个问题。教室里一下子安静了下来，妈妈们都非常懊恼，为自己不相信其他事物甚至自己的行为而懊恼。

世上有爱、自由、平等、人权等很多伟大的词汇，但是坐在教室里的妈妈们认为这些都不是绝对的。

在讨论时间，出现了一些这样的结论：“对我来说，绝对的东西就是妈妈抱我时胸口的温暖”“使劲儿吮吸乳汁的宝宝……”讨论到此，她们不由得叹息，或许这就是内心不安和寂寞的根源吧。

当我们对事物失去了绝对的信任时，就会被寂寞打败，被内心的不安折磨。

其实，不是世上不存在绝对的事物，而是因为我们不相信这世上有绝对的事物，因此我们丧失了支撑自己的根基，内心就变得不安。

父母对孩子来说是不可动摇的存在

我们站在孩子的角度上想一下，如果没有绝对值得信赖的事物，人就会受到孤独感的折磨。于是，孩子就会因为不安而注意力不集中，丧失目标，变得没有自信、心慌意乱，情绪不稳定。

所有的根源就在于妈妈不是孩子绝对信赖的存在。如果孩子可以绝对地信任妈妈，那么他们就会毫不迷茫，百分之百地信赖自己，就会茁壮地成长。

在前面的章节我已经说过，以父母为荣的孩子对自己也非常满意。父母以孩子为荣，孩子也会以父母为荣。也就是说，当孩子知道自己非常崇拜的父母以自己为荣时，他们心中就会拥有强大的自信。

同样，百分之百信赖父母的孩子，能够百分之百地相信自己。对于父母的爱的绝对信赖，激发了孩子对自己的绝对信赖。父母堂堂正正、光明磊落，孩子也会堂堂正正、自信满满。

这样一来，孩子就会充满勇气，毫无畏惧，既不会感到不安，也不会陷入迷茫。这种绝对的信赖使人就如同站在大地上一般踏实安稳，内心非常的安定。

父母必须成为绝对的存在，否则不仅父母不能拥有一颗安定的心，孩子也不会相信世上存在绝对的事物，这样孩子很容易在人生的赛场上落后。

有比较有条件的爱是不可取的

我说过，孩子只有在相信父母的爱是绝对的存在时，才能获得内心的安定。当强烈地感觉到“自己被爱”时，孩子的内心才会像深深扎根于大地中的参天大树一样安稳。

这就是为什么人不能独自存活。人既要做自己又要有他人的信赖和善意来做支撑，才能稳稳地立足于天地之间。

绝对的信任可以带来内心的安定

我一直强调孩子注意力集中与否在于内心是否有安全感。

当从父母那里获得安全感后，孩子就会像稳坐在大地上一样，内心非常沉稳。

这就是平常心。只有拥有了平常心，孩子才能集中注意力。相反，如果孩子不相信父母给予的爱，或者对于这种爱持怀疑态度，那么孩子就如同站在摇晃的大地上，内心感到不安。这样就会萌发强烈的焦躁感，不仅注意力不集中，任何事情都无从下手。

成年人也是一样的。与相爱的人关系融洽时，我们的内心就会非常平静。但是如果两人的关系出现裂缝，生活就会立刻陷入混乱。支撑自己的支柱倒塌后，大地就会开始摇晃。

前面我们已经说过，人只有摒弃怀疑后才会获得内心的平静，只有绝对的信赖才能让人拥有坚强的内心。和谐的爱是生存的支柱，当你开始怀疑与你相爱的人时，自己的内心就会变得非常不安。

对于孩子来说，父母必须是绝对的存在。所以，当妈妈内心不安、非常焦虑、非常迷茫时，她的话、她的态度也会影响到孩子，让孩子没有安全感。妈妈内心的不安全感会立刻传给孩子，孩子也会变得怀疑不安。

为了寻求内心的安定，孩子会把妈妈当成绝对的存在，同理，妈妈心中也必须有绝对信赖的东西。也有很多妈妈认为孩子对自己来说就是绝对的存在，但是父母是不能依赖孩子的。并且，父母过于为孩子着想的话，很容易演变成过度保护、过度干涉或者过度控制，这样就不可能形成正常的亲子关系。

对自己的绝对信赖

妈妈们，当你们绝对相信某事物后，一定能获得内心的安定吧。这个事物就是你自己。

其实，对于“把什么当作绝对信赖的事物”这个问题，我几十年前就这样回答过我的一位外国同事。他听了答案后反问我：“你真的要把自己当作神?”

成年人要想获得内心的安宁，应该意识到值得绝对信赖的东西不是别的，就是自己。也就是说，你一定要意识到你自己就是丝毫不能怀疑、不能批判的绝对的存在。

或许有人认为我这是妄自尊大，其实我想说的是，大家不要误解了“绝对”的含义。此处的“绝对”指的是“不可比性”。给不加修饰、原原本本的自己打满分，从内心认定这样的自己就是最好的。

大家都有自己独特的相貌。有人眼睛大，有人眼睛小；有人鼻梁高，有人鼻梁矮。我们的性格、才能、出生地、生活环境、学历，以及过去的经历都是各不相同的。不将这些属性、天分、资质与他人比较，完全接纳自己，给自己打 100 分，这就是我所说的对自己的绝对信赖。

矮个子的人如果把矮当成自己的特点，他就可以充满自信地穿上与自己身高匹配的西服。如果不把矮当作自己的特点，那他就会一直为自己的这个缺点感到烦恼。正因为不相信自己的独特性，所以才会不断地与他人进行比较。

以前我们深信，只有通过不断地反省、自诫、自我否定，才能形成伟大的人格。自己是一个不完美的存在，苦行是磨炼人格的唯一方法。因为我们习惯了这样的人生理论：我们浑身都是缺点，需要改善的地方非常多。

这就导致我们对自己失去了绝对的信赖，不断地在比较中审视自己。于是，我们一直被不安和不信任感所折磨，在罪恶意识和孤独中苦苦挣扎。

如果我们坚信自己本身就是完美的，是 100 分的，无须完善和改正，会怎样呢？这样一来，我们只要做真实的自己就好，无须依赖外界的其他绝对的事物。

宗教让人把视线转向人类的不完美、罪恶意识、孤独感，把神塑造成绝对的存在。让人们向神请求原谅，从而得到内心的安稳。

但是，人如果能够完全接受真实的自己，就无须向神请求，也可以获得内心的平静，罪恶意识和孤独感也会一并消失。也就是说，此刻你就是自己的神。

完全接纳自己，包括自己的缺点和失败。这就是我所说的“成为自己的神”的内涵。

原谅自己的同时也原谅他人。完全相信自己、完全接纳自己的同时，对于自己的孩子、丈夫以及其他人也给予关怀。这就是对自己的绝对信赖。

我已经呼吁过很多次“给自己打 100 分”。接纳真实的自己，包括自己的缺点和不足。这样说或许有些不太合适，但请大家都成为“自己的神”。

克服了恐惧的孩子重新喜欢上了学习

当我们停止对自己的批判，停止与他人进行比较后，心情就如同五月的天空，晴空万里。当抛弃了善恶、好坏、好恶等评价标准后，心情一下子变得如同饱满的气球一样轻松。

这就是对自己的绝对信赖。“这样做行吗”“必须行动起来了”“别人会怎么想呢”等想法，以及一直伴随在我们左右的焦虑，就是因为我们对自己和周围的人持一种批判的态度，总是用善恶、好坏等评价标准进行比较，并掺杂了自己好恶的情感而产生的。

我们往往陷入一种错觉，认为只有对自己和他人严格要求，才有助于事态的改善。认为“这样就行了”的想法是一种自以为是，这样容易滋生懒惰，容易丧失上进心。

实际上正好相反。牛、马需要鞭子的抽打才能前进，但是人一直处于压力的鞭策下的话，会丧失活力，陷入憎恶的漩涡，引发倒退现象。

接受原原本本的自己

人只有完全接受自己才会充满干劲儿。那时全身都会充满动力，大脑也会全速运转，罪恶意识也会消失，身心也会从孤独感中解放出来。

当罪恶意识和孤独感消失后，向自身以外的事物寻求绝对价值的欲望就会慢慢减弱。即使自己是错误的，自己也是一个绝对的存在，因此内心就如同风平浪静的大海，沉着稳重。儿童时期的那股活力和生机也会重新归来。

以前不断地要求自己克服缺点、弥补失败，不仅给自己带来了很大压力，这些不快和紧张感也往往会直接施加给自己的孩子。

很多妈妈一个劲儿地唠叨孩子“好好学习”“抓紧准备”“收拾一下房间”，孩子稍微有点儿失败或松懈，她就会像机枪似的不停地唠叨，对丈夫也净是不满和牢骚。她们不仅用善恶、好坏、好恶的标准来衡量自己，还套用到孩子和丈夫身上，结果就是整个世界都让她们束手无策、焦躁不安，心想：“为什么就不能随我的心、如我的愿呢?”

如果停止所有的批评和比较，彻底扔掉善恶、好坏、好恶的评价标准，那么眼前看到的就会立刻变成另一幅景象。下面是一位妈妈的真实感受。

以前看到孩子在凌乱的房间里边吃零食边看电视，我一定会火冒三丈。

“不要老看电视，做作业去。下次考试成绩下降的话，就禁止你们看电视。”

孩子们把头一扭都跑到客厅去了。

周末看到丈夫躺在沙发上，我就会厌恶地说：“你的字典里没有‘家务’这个词吗?”

给自己打了 100 分完全接受自己后，再看到这些情景，我也不会焦躁不安了。因为展现在我眼前的是不容批判的、需要百分之百接受的真实情况。

于是，我很自然地一边哼着歌一边收拾房间，也会笑眯眯地给孩子端过去红茶，有时还会对孩子说“给妈妈吃点儿你那个零食”。我就这样，在真实的生活中做真实的自己。看到躺在电视旁边睡着的丈夫，我也不会感到厌恶了，而是给他盖上毛巾被。

不再比较、批评，完全接纳自己之后，我对于他人的不完美也会表现得非常宽容。此时的我与认为自己浑身是缺点时的我完全相反，那时候我对身边的人非常苛刻。

这样一来，我就成了家里不可或缺的光明天使。孩子、丈夫，都可以在我面前非常放松。他们面对的再也不是让他们非常紧张的批评、比较，而是笑容和善意，所以他们的身心非常舒畅。

当孩子成为自己的“小尾巴”，丈夫也对自己心怀感激时，我也越来越有自信。我已经拥有了实现“自我再统一”所必不可少的“他人的善意”。此时，我再一次想起这句话：

“被爱，人才能变得坚强。”

于是，我自己的人生也变得光芒四射。想和朋友一起去看电影时，孩子会主动帮我看家。穿上一件新裙子，丈夫也会笑眯眯地欣赏一番。把自己看作绝对的存在后，周围的人也变得信赖和支持自己了。

给自己打满分，不仅不会变得懒散、骄傲自大，反而变得更加有活力，做事情更有积极性，头脑变得更加灵活，万事都变得非常顺利。

即使没有来自家人的批评、与他人的攀比，以及善恶的评价标准，人只要有礼仪、守规矩，就不会出任何乱子。其实只有这样，孩子才会更加认真地学习，丈夫才会更加卖力地工作，我才会每天乐于干家务。因为家变成了一个恢复元气的“宽容”和“心情舒畅”的地方。

这里大家必须要注意的一点就是，一定要告诉孩子给自己打 100 分的优点。

当没有压力后，做任何事情都会充满干劲儿、积极向上。

因为由“必须做”变成了“因为喜欢所以去做”，心态有了一个 180 度的大转弯儿。

讨厌学习的理由是压力

不情愿地学习三个小时，不如积极地学习一个小时有效率。快乐学习的诀窍就是把批评、比较、好坏的判断这三个要素从脑子里删掉。

不介意做法是否错误、理解是否迟钝（没有批评），按照自己的节奏（不与他人比较），不担心自己的答案是否正确（抛开好坏的价值标准）时，学习就如同进入热带丛林探险一般，刺激又不失乐趣。孩子充满勇气，不断地发现新的动物和宝贝，体验激情澎湃、欢呼雀跃的探险之旅。

孩子之所以讨厌学习，就是因为他们没有踏入未知旅途的勇气，并且他们的妈妈还会责备他们“为什么连这个问题都不理解（旺盛的批判精神）”“其他的孩子都做得很好（与他人的比较）”“考这么点儿分，你不觉得丢人吗（把考试的分数进行好坏判断）”。

这样一来，原本应该非常愉快的冒险旅行就打了折扣。

一旦被猛兽或巨蟒袭击过，谁都不会再想踏入热带雨林半步了。

内心的压力，就是由这些批评声、与他人比较导致的竞争，以及自责引起的。也就是说，受他人或自身以外的价值观和评价的左右，人的信心受到了动摇。因此，内心的安定也受到了极大的影响。

这种心理就是“对未知事物的一种恐惧”。前面我们已经说过，要想百分之百地发挥出自己的能力，必须相信自己身边看得见、听得到、摸得着的事物。其他的一切事物都是干扰自己的杂念而已。

注意力不集中、没有定力，都是因为他们的内心被现实中并不存在的想象的怪物所干扰了。这怪物就是欲壑难填的愿望、恐惧、不信任感。这些看不见、摸不着、听不到、实际上并不存在的怪物，扰乱了孩子们的心。

所以，要想让孩子认真学习，首先需要从孩子的心里把“恐惧”这个怪物赶跑。也就是让孩子只相信看得见、听得到、摸得着的东西，忘掉除此以外的其他东西。

其实，孩子之所以害怕一些虚幻的东西，主要原因就在于很多妈妈不断地训斥孩子、恐吓孩子。如果妈妈们不停止这些行为，那么孩子长期处于“恐惧”和“担心”的环境下，很容易变得胆小怕事。

有的孩子担心“考试的时候有不会做的题怎么办呢”；有的孩子坐在教室里惶恐不安，担心自己会被同学欺负；有的孩子坐在房间里学习时满脑子都是讨厌的老师的影子，根本静不下心来；还有的孩子被妈妈逼迫坐在学习桌前，但一个字也看不进去。

这些孩子都不能冷静地好好看清现实。考试的时候，他们关注的不是眼前卷子上的问题，而是一直在担心出现自己没有掌握的知识点怎么办。上课的时候，他们关注的不是老师说的话和写在黑板上的字，而是老师的态度。他们担心的不是上课或考试的内容，而是老师会怎么想、我会不会被批评、我会不会被欺负等想象的情形。

因为学习和考试而经常被妈妈训斥的孩子也是同样的。他们满脑子都是被妈妈批评后的悲伤绝望，根本无心学习。

他们被看不见、摸不着的幻想搞得筋疲力尽，脑子根本无暇思考。

学习就如同通过水面观察海底，慢慢地理解在大海中畅游的小鱼和海底的样子。所以，如果海面不能像镜子一样平静，孩子就不可能观察出任何事物。

如果孩子被幻想的波澜搅得心神不宁，就不可能全身心地投入学习中。

让孩子学会接受现实

要想消除遮挡孩子视野的波浪，需要父母以身示范，告诉孩子根本不存在什么怪物。并且，不论出现什么结果，都不责备、恐吓孩子，无条件地支持孩子，让孩子接受现实，让孩子对自己绝对信赖。

当然，建议、鼓励和指导都是必要的。但是在这之前，最重要的就是教会孩子如何勇敢地接受现实。

能够冷静地看清现实，孩子就能够按照自己的意志来行动，用自己的大脑思考问题。

孩子考完试回家后一定会向妈妈汇报："这次考试有很多地方我不会做。"

妈妈可以这样回答："是吗？太不巧了。"

孩子或许会继续说："大家都会做，就我好多地方不会做。”这时需要好好注意一下孩子的学习了。在这种情况下，孩子对于他以前一直不明白的地方，会产生强烈的求知欲，就如同想把海面上的水全部吸入大脑似的。

对于他们来说，眼中既没有可怕的怪物，也没有滔天的骇浪，他们眼前呈现的只是真实的现状。如果这时妈妈对他说：“我每天不是都让你好好预习、复习吗?”那么对于孩子来说，这张没考好的试卷就变成了怪物对自己的恐吓信。

有的孩子被老师提问时，能够大声地说“我不会”；老师解释后马上就弄懂，然后高兴地大声说“我明白了”。相反，有些孩子更在意老师的态度，这些孩子很难真正好好听老师的讲解。他们太害怕失败、丢脸，心思没用在学习上，所以很难听进去老师说的话。

有个妈妈看到孩子拿回来的卷子只有30分，勃然大怒。因为这位妈妈把考试分数作为评价孩子好坏的标准。于是她结合期末考试成绩和在班里的排名，开始严厉地批评孩子平时的学习态度。此刻，这位妈妈就如同在大海里兴风作浪的妖怪。

这位妈妈忘记了，对于那些不擅长学习的孩子来说，海面上起了波浪，他们就更看不清楚海底的样子了，这时应该做的是温柔地鼓励他们：“有什么需要妈妈帮忙的吗?”

这样一来，孩子就可以心平气和地翻开课本，此刻孩子才能够清楚地看到海底。孩子也会暗下决心，下次考试一定要考个好成绩。

妈妈心理学课堂体验漫画⑧

对育儿和家庭生活失去信心的母亲通过爱的行动得到了重生。

——妈妈 O 的故事——

高柳老师
每个人的心中都有一块别人不能涉足的空间。
这个空间是没有必要向别人展示的。
毋庸置疑
哎？
我的不幸不是因为内心不安定吗？！
这样做是无法得到内心的安定的。
我已经被逼到穷途末路了。
不幸！
只要有爱的行动，现在的你就是满分的妈妈。
爱是一个动词。
重要的是行动！
我给老公买了领带，给孩子买了汉堡包。
要采取爱的行动啊！
嗯，我现在感觉很幸福。
我保持现状就可以！
原来追求内心的安定才会让我不会不幸啊！
原来大家都跟我一样。
不幸

结语

在我得知本书新版出版的喜讯十分高兴。山崎房一老师的育儿书是不衰的经典。由此，我也再次想起跟着老师学习的点点滴滴。

老师个子不高但动作幅度却很大，总是很幽默地、热烈地讲话，上老师的课是非常快乐的事。老师还总是很有耐心地倾听我们这些来参加讲座的妈妈的话，并十分坚定地鼓励我们做原原本本的自己。我问老师：“我怎么和孩子相处才对呢?”老师犀利地回答说：“温柔地对待孩子就可以了。”我又说：“我对自己没有自信。”老师就会简明地建议道：“你的要求太多了。你做你自己就可以了。”晚上，我独自一人走在路上，心里还在困惑，老师的这几句话究竟是什么意思呢？但是，随着我参加“妈妈心理学课堂”次数的增加，渐渐觉得内心里远远地看到了一束光，我慢慢意识到，原原本本的孩子、原原本本的自己就是100分的。

于是，我恍然大悟，原来老师是想等我自己意识到这一点……我的心里忽然流过一股暖流。人只有遇到肯定自己的人和话语后才能充满自信、积极向上。

孩子也是，在自己信赖的妈妈的温柔目光和言语的鼓励之下，内心才能涌起前行的动力。

现在，山崎先生的教诲也在被人传承着，“妈妈心理学课堂”也在继续进行着。无论时代如何变迁，育儿环境如何更迭，育儿的基本——爱，都是不变的。但是感到育儿很困难，对自己的生活方式失去自信的妈妈一直都有。在任何一个时代都不少。

这就是因为，她们比起对孩子的爱，更看重教养，要求孩子必须规规矩矩的。她们一味地关注孩子听不听话，每天对着天真烂漫的孩子怒目而视，训斥不止。等孩子长大了，说什么孩子他们都不会听了，妈妈就只能发发脾气，说些出气的话。然后又懊恼自己为什么要发脾气，情绪消沉。

很多妈妈都是读了山崎老师的书，如同溺水者想要抓住救命稻草一样来参加了老师的讲座。老师非常耐心地、持续不懈地给她们解释育儿的根本，告诉她们对孩子温柔就是要无条件地听从孩子的要求。妈妈们都在不断成长，变得更加强大、温柔。

如果孩子有烦恼，妈妈就可以活用学到的方法，做孩子的心理咨询师，告诉孩子没关系，让他们安心，守护着他们。这样一来，孩子就能自己去思考对策，向着自立的大人成长。

我觉得从山崎先生的教诲中深深受益的人，有一个使命，就是让更多的父母和孩子知道育儿其实是一件让人快乐的事。我还热切地希望这个理念能继续传承到下一辈去。

最后，我要由衷地感谢在日本各地日复一日推广老师理念的新家庭教育协会的各位讲师们，感谢为新版发行尽心尽力的PHP研究出版社的宇佐美明美女士。

高柳静江